經典永恆・名著常在

五十週年的獻禮——經典名著文庫

五南，五十年了，半個世紀，人生旅程的一大半，走過來了。

思索著，邁向百年的未來歷程，能為知識界、文化學術界作些什麼？

在速食文化的生態下，有什麼值得讓人雋永品味的？

歷代經典・當今名著，經過時間的洗禮，千錘百鍊，流傳至今，光芒耀人；

不僅使我們能領悟前人的智慧，同時也增深加廣我們思考的深度與視野。

我們決心投入巨資，有計畫的系統梳選，成立「經典名著文庫」，

希望收入古今中外思想性的、充滿睿智與獨見的經典、名著。

這是一項理想性的、永續性的巨大出版工程。

不在意讀者的眾寡，只考慮它的學術價值，力求完整展現先哲思想的軌跡；

為知識界開啟一片智慧之窗，營造一座百花綻放的世界文明公園，

任君遨遊、取菁吸蜜、嘉惠學子！

畢業專題製作指南
遊戲、微電影與APP

施百俊 施如齡 許良政 朱旭中 黃淑賢 著

五南圖書出版公司 印行

序言：專題這最後一哩路

　　一個簡單的事實：所有大學裡的老師都曾經是大學生。當初畢業的時間，都已經是幾年前，甚至是幾十年前了。也就是說，我們所教授的學問都已經是「舊」學問，如果沒有時常更新，很快就追不上現代日新月異科技的進步。如此這般，所教出來的學生，如何能得到產業界的青睞，而在競爭激烈的就業市場裡存活呢？這就是所謂的「學用落差」。

　　為了彌補學用落差，在大學生畢業之前，大都必須通過專題製作／專題研究／實務專題（或其他冠以「專題」的課程名稱），作為從學術界走向產業界的「最後一哩路」（last mile）。具體而言，臺灣大專院校數位媒體系、數位內容系、數位學習系、影視系、文創與資訊相關科系數量超過200所，每年畢業學生數接近萬人。每個科系（尤其是技職院校）都會有製作畢業專題的要求或畢業門檻，甚至還會要求參與南北兩場（新一代設計展、青春設計節）的成果展覽與競賽。課程的進行方式大都是將學生分組，選定指導老師，然後就交由指導老師以「師徒制」土法煉鋼，在一年（1～3學期）內製作出成果作品。對老師而言，專題製作的過程多是因陋就簡、隨意發揮。即使今年度的學生能交出作品，明年又得重新帶起、重新開始。對學生而言，也難以傳承學長姐的經驗，亦無法在低年級就知道未來畢業專題製作所需要的能力並據以選課培養。因此，建立SOP，提供系統化的教材教法與教科書，有其必要性。

　　本書即為專題課程的教科書。全書共分為四篇，第一篇「專題製作的目標與方法」屬於總論的性質，由許民政老師先介紹專題作為總整課程的原理。接著，施百俊老師導入專題企劃與專案管理的工具與方法，幫助師生在製作專題之前，適當規劃專題的藍圖；進入製作以後，如何管理財務、時程與團隊協作所帶來的種種問題。第二至四篇則是依專題目標分

為：遊戲、微電影、應用程式App開發等三種類型，分別由施如齡、朱旭中、黃淑賢等三位老師分享詳盡的專題製作過程，內容包含最新的技術與應用，包括VR／AR、IoT、Maker等。同學們可以依畢業專題的要求與性質，選擇來學習。而對老師們來說，也可以用來培養自己的跨領域第二專長。因為誰都說不準，幾年以後，我們目前所會教的東西會不會被時代淘汰？總得未雨綢繆才行啊！

　　說到底，一本書的完成通常是數十人、甚至上百人心血的結晶。作者之功，十分之一而已。因此，我們想感謝國立屏東大學、國立臺南大學參與資料蒐集、整理與提供案例資料的歷屆同學（姓名獨立標示於各章節內容中），如果沒有他們的熱心貢獻，本書將無法完成。感謝策劃出版本書的五南圖書出版公司，陳念祖主編以及其他辛勤同仁的敬業精神無人可比。本書內容若有任何可取之處，全歸功以上各位；若有任何疏漏缺失，則全是作者的責任。有任何批評指教，歡迎寫信告訴我們：bj@bjshih.idv.tw。

施百俊

www.bjshih.idv.tw

2019年於臺灣屏東

目錄

c o n t e n t s

第三篇　微電影製作

第一篇

專題製作的目標與方法

1 專題作為總整課程

許良政

　　近年來，隨著就業市場日益嚴峻，青年學子失業率高，大學畢業生就業情況備受各界關注，各技專院校亦多將學生就業力指標作為校務研究重點之一。因此，降低「學用落差」或提升「學用合一」一直是熱門話題，這些議題引發相當多的討論。在教學現場上，國內大專校院為提升學生就業力，有了許多創新的作法，如產業學院、就業學程、學生產業實習、業界教師協同教學，或是在規劃學系課程時加入業界專家與校友的意見。許多研究發現，就業力與就業率呈現高度正相關，畢業生具備愈高的就業力，獲取良好的工作機會愈大，在職場的表現愈好[1]。

　　提升學生就業力的方法之一就是增加學生的實務能力，大多數的學系在高年級的課程中均規劃專題課程，名稱不一，可能是「專題計畫」、「專題製作」、「畢業專題」或「實務專題」，由多位學生尋找一個具體可實作的題目組成系統研發團隊，進行運作與應用之實務實現，主要目的是讓學生整合所學各種課程，將過去的所學累積，藉由實作一個專題，經由總整課程（Capstone），將其實務具體成效呈現出來，讓學生掌握大學所學基礎課程，以自我主動學習及解決問題為導向進行整

---

[1] 吳淑媛，提升學生就業力，開創學用合一新契機。評鑑雙月刊第49期。

合，而非單純教導學生最新的專業知識，或基本應具備的專業技能[2]。

第一節　總整課程（Capstone Course）

Capstone一詞源自於建築物中最頂端、最後一塊用以穩固結構用的石頭，如圖1所示，置放後表示建築大功告成。在美國高等教育史上，十九世紀末期就有使用Capstone Course這個名詞，但在二十世紀中葉後才普遍被使用，爾後才逐漸在國際間流行[3]。近年來，美、澳普遍實施的「總整課程」被視為是最能檢驗學習成果的典型課程[4]，因總整課程會聚焦在大學學生的最後學習成果與就業實務能力訓練，整體過程使學生能夠融會貫通與深化大學所學，讓學習穩固完成[5]。這幾年，各大專院校經常利用總整課程評估學生對應至各項系核心能力的學習成效，可回饋學系作為課程調整之參考。

可知總整課程是由國外引進的概念，以下列出幾個國外學者對Capstone Course的定義，提供在施行總整課程時有可以思考的方向。

學者Wagenaar[6]將Capstone Course定義為：「A culminating experience in which students are expected to integrate, extend, critique, and apply knowledge gained in the major.」（讓學生整合、延伸、反思及應用其在主修領域所獲

---

[2] 張本杰，Capstone課程設計——實務專題不只是規劃「一門」課。評鑑雙月刊第49期。

[3] Hauhart, R. & Grahe, J. (2015). Designing and teaching undergraduate capstone courses. San-Francisco: Jossey-Bass.

[4] 符碧真，大學學習成果總檢驗：合頂石——總結性課程。教育研究集刊第六十三輯第一期，2017年3月，頁31-67。

[5] 邱于眞，教與學的合頂石——總整課程（Capstone Course）。評鑑雙月刊第49期。

[6] Theodore C. Wagenaar, "The Capstone Course", Teaching Sociology Vol. 21, No. 3 (Jul., 1993), pp. 209-214.

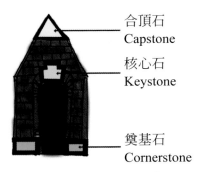

圖1　總整課程示意圖[7]

得的知識，以達到最高的學習經驗。）

　　Crunkilton等學者[8]對Capstone Course的描述如下：「A planned learning experience requiring students to synthesize previously learned subject matter content and to integrate new information into their knowledge base for solving simulated real world problems.」（一種有計畫的學習歷程，要求學生綜合先前所學過的專業內容，並能將新資訊整合到他們的知識中，用以解決所模擬出的現實世界問題。）

　　依據Fairchild & Taylor[9]的描述：「A capstone course should focus on integration of knowledge, facilitate meaningful closure, and provide students with a contextual framework connecting theory and application based on their academic experiences and the connection among the disciplines and the role of

---

7　引自國立臺灣大學教學發展中心總整課程說明手冊。ctld.ntu.edu.tw/rp/ckc/capstone/file/總整課程說明手冊。

8　Crunkilton, et al., Portfolio of capstone courses in colleges of agriculture. (USDA award #94-384 1 1-016). Washington. DC: United States Department of Agriculture.

9　Fairchild, G., & Taylor, T. Using business and issue debates to facilitate synthesis in agribusiness capstone courses, 2000.

their profession in the outside world.」（總整課程應著重於知識的整合，收尾工作是深具意義的，為學生提供連接理論和應用的框架。這些都根基於學生的學術經歷以及專業訓練與專業在真實世界中所扮演角色之間的連結。）

　　圖1為總整課程示意圖，蓋房子的時候，需要有奠基石（Cornerstone）支撐整體建築結構，也需要拱門頂端的楔形核心石（Keystone），用以緊密結合整體建築，最後還需要將合頂石（Capstone）放在建築物的頂端，穩固建築結構，才算完工。大學四年的學習過程，就像是蓋房子，除了需要基礎課程的奠基石（Cornerstone course）、專業領域課程的核心石（Keystone course），更需要藉由總整課程的合頂石（Capstone course），才能穩固所學，讓大學四年的學習不是零零落落、支離破碎的知識，而是結構完整，能用以解決實際問題，就像用於建築的磚頭，將原本一塊塊的磚頭，蛻變為一棟完整的房子，產生應有的效益。其中的三類課程分述如下：

　　• **奠基石**：在建築上為建築物底部角落的柱石，用以支撐整體建築結構。引申為基礎課程，屬於大一、大二的必修課程，主要為基礎知識技能課程。

　　• **核心石**：拱門頂端的楔形石頭，用以使整體結構緊密銜接。屬於大二、大三的進階專業課程，為專業領域的核心課程，是專業學習最重要的部分。

　　• **合頂石**：建築物最頂端、最後一塊石頭，用以穩固建築結構，使其順利完工。意謂著大學教育最後、最顛峰的學習經驗，使學生能夠統整與深化大學所學，讓學習穩固完成。

　　國際商管學院促進協會（ACCSB）與中華工程教育學會（IEET）認證都相當重視總整課程，通過ACCSB認證的學系皆依自訂之人才培育目標，規劃適當之總整課程，以檢核學生是否具備各項目標核心能力[10]。IEET則自

---

[10] 周逸衡，系所自我評鑑與通過ACCSB認證有何不同？評鑑雙月刊第67期。

2014年起執行認證審查時，採用新版的認證規範，要求大學部的課程組成中必須包括整合性的「總整課程」[11]。

　　總結的說，總整課程係指大學教育最後、最巔峰的學習經驗，使學生整合與深化大學所學，讓學習歷程穩固完成。總整課程應能幫助學生回顧大學學習經驗，以接軌未來職涯發展，並協助教師以及學系驗收、檢討教學成效與課程規劃。故總整課程之課程設計必須符合整合（integration）、收尾（closure）、反思（reflection）及過渡（transition）四大功能，並能確實檢視學生學習成效，以及對應學系核心能力之具備情形，如圖2所示，具有回饋系所課程及持續改善的作用。

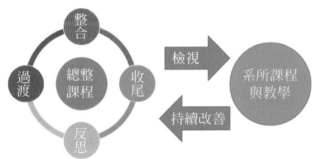

圖2　設計總整課程需有的四大功能

• **整合**：大學學習多為一門門獨立的課程，內容或許過於專精（specialized）與片段（fragmented）。總整課程提供機會讓學生統整大學所學，讓大學學習並非只是學分的累積，而是有意義的整體學習經驗。

• **收尾**：總整課程能達到有意義的成果，檢視核心能力為大學經驗畫下句點。

• **反思**：藉由總整大學所學，學生同時也能夠反思學到了什麼？還有哪

---

[11] 劉曼君，呂良正，Capstone課程──IEET認證的重要佐證。評鑑雙月刊第42期。

些不足？

• **過渡**：學生透過不同型態的總整課程，會有實作或實務的成果產出，期間經由準備、進行口頭報告和撰寫書面報告等方式讓學習成果具體化，協助學生順利銜接大學經驗與畢業後生涯，為未來做好準備。

透過前述的過程，系所得以檢視課程與教學，根據學生學習成果作為課程整體規劃、精進教學的依據。

總整課程實施的原則如下：

• 於大三下至大四畢業前實施，修課學生應先修畢前置課程；總整課程及前置課程間應有關聯性。

• 強調實作導向，其可供評量之學習成果應有效展現學生整體學習表現及統整所學，以及充分展現專業技能與學系之核心能力。

• 總整課程之規劃與精進應諮詢外部實務專家，並參考畢業生回饋意見。

• 總整課程之預期學習成果應能對應學系之核心能力。

• 總整課程應針對預期學習成果訂定評量尺規、評量標準與評量方式（得配合競賽與展覽）；評量過程盡可能擴大參與的教師及引進外部專家。

• 總整課程之實施成果應進行分析，評估學生整體學習成效、專業及核心能力達成情形，並作為學系課程與教學調整改善之依據。

總整課程一般都安排在高年級，不外希望驗收學生四年所學，其立論基礎在於高年級的課程會有先修課程的要求，也就是會綜合大一至大三所學，較能反映出學生在各種系核心能力的表現。

依著院系性質的不同，總整課程常見的型態有六，包括：

1. **綜合考試**（**comprehensive examination**）：藉由考試檢視學生掌握專業領域知識的程度，可以是校內的紙筆測驗、口試或展演，也可能是校外專業證照的考試。

2. **畢業論文**（**thesis based**）：人文、社會、理科領域常針對專長領域

中的特定議題，從文獻回顧、發展研究設計、蒐集並分析資料，最後提出結論與建議，著重與指導教授一對一的學習，較適合繼續攻讀研究所的學生。

3. **專題計畫（project-based）**：工程科技領域常針對特定主題或真實情境的問題，從形成問題、發展解決問題方案、實際執行方案到解決問題，最後以書面及口頭方式呈現專題研究結果。

4. **臨床與實習（clinic-based and internship-based）**：醫學、教育領域常要求學生到醫院、中小學，強調學生直接進到未來職場環境，應用所學並與現場工作者交流，反思理論與實務的差別，銜接大學與職場的學習經驗。由大學教師督導，實習機構的師傅（mentor）定期提供回饋意見，並評估學生的表現。

5. **專題討論（seminar-based）**：針對專業領域廣泛的議題，學生蒐集資料、閱讀、討論、建立對議題的論點，藉此延伸並整合所學知識，以口頭或書面報告作為最終的成績評量。

6. **學習歷程檔案（portfolio）**：藝術及設計領域學生蒐集自己多面向的學習活動、創作或作品（繪畫、攝影、視覺創作等）及反思報告（reflection essay），集結成冊。

第二節　課程實施

首先，每一門執行Capstone的課程需訂定「課程評量尺規量表」（Rubrics），內容包含：評量指標、配分比重、程度判定準則說明。

對許多人而言，Rubrics是一個陌生的名詞，事實上我們在日常生活中就經常碰到，例如：針對商品或服務等事項，經由問卷調查詢問滿意度。通常問卷內容會將商品或服務區分為許多面向，針對每一面向，詢問受訪者是滿意還是不滿意。甚至在滿意或不滿意之間又可細分為不同等級，如非常滿意、滿意、稍微滿意。這些都是Rubrics的表現方式。在教學上利用Rubrics

係在一套建立評分的準則，在各個教學活動過程中用以評估學生的學習成效，評估的標準能明確可遵循且能明列達成的程度，希望能正確反映學生的學習效果。換言之，Rubrics是更詳細地將教師所期待的學生學習成果描述陳列出來，讓教師在教學過程中可以依循，而學生也可以知道課程內涵為何、教師的要求為何、評量的方向為何。一旦學生有了這些認知，在取得成績後，也較能瞭解自己學習較佳之處為何、較弱之處為何、未來學習應加強的方向為何[12]，另一方面是讓教師在評估學生的學習成效時量化的手段。

以下茲舉一個運用在專題計畫的總整課程Rubrics範例，供讀者參考，有三個主要的欄位：

• **評量指標**：對應到系的核心能力（core competence），核心能力衍生自教育目標（educational objective），教育目標係指學生「畢業後三到五年」應達成之職涯與專業成就。而核心能力乃學生於「畢業時」應達成職涯與專業成就的能力及知識，即面對未來環境與社會或就業應具備的中心、主要、重要且具競爭力的才能、知識、技術、判斷、態度、價值觀和人格，屬明確且特定的知識、技術及態度。[13]一門課不太可能對應到所有的系核心能力，需評估課程所對應的能力。在表1中，共有五項評量指標。

• **配分**：表示該評量指標在該課程所占的分量。在不同的課程，可能會對有相同的評量指標，所占的分量不見得相同。例如：甲課程有對應到A評量指標，可能占有15%的分量。乙課程也包含了A評量指標，但可能只有10%的分量。每個指標的配分百分比，會與每次成績評量相關聯，計算方式後續會說明。

• **評量的級距**：以3個到5個評分標準即可，如表1顯示的是四個級距：「典範」、「優良」、「尚可」及「需特輔導」。

---

[12] 劉曼君，學生學習成果之評量及評分量表Rubrics之使用。評鑑雙月刊第49期。

[13] 李坤崇，大學核心能力與能力指標之建置。教育研究月刊190期，2010/2。

表1　運用在總整課程之Rubrics範例

評量指標	配分（%）	程度			
		典範（A）	優良（B）	尚可（C）	需特輔導（D）
指標1：培養資訊相關數學及演算理論之能力		能清楚且完整的理解專題相關的資訊基礎理論。	大致瞭解專題相關的資訊基礎理論。	只知道專題有哪些基礎資訊與管理知識。	不清楚專題有哪些相關的資訊基礎理論。
指標2：培養資訊系統分析及整合實作之能力		能於專題中，完整且熟練的運用程式開發工具，實作資訊應用系統。	大致熟悉專題所需的程式開發工具。	只能簡易使用專題所需的程式開發工具。	對專題所需的程式開發工具，使用上有困難。
指標3：培養良好之溝通技巧與團隊合作精神		能清楚和完整的說明專題內容、參與的工作事項，並且溝通團員間的工作情形。	大致可以說明專題內容、參與的工作事項，並且知道團員間的工作情形。	說明專題內容和工作事項時，與實際情形有落差，並且不清楚團員間的工作情形。	無法清楚說明專題內容、參與的工作事項，並且不去瞭解團員間的工作情形。
指標4：培養自我持續學習之能力		能完整充分掌握國內外資訊產業趨勢之訊息，並運用於專題中。	大致能夠蒐集專題相關參考資料，並且大致能夠吸收和彙整。	蒐集專題相關的參考資料不夠充足。	不清楚如何蒐集專題相關參考資料。

評量指標	配分 （%）	程度			
		典範 （A）	優良 （B）	尚可 （C）	需特輔導 （D）
指標5：培養理論推導及數據歸納之能力		可以正確且完整的進行專題的理論推導，或是歸納和分析專題的實驗數據。	大致能夠進行專題的理論推導，或是歸納和分析專題的實驗數據。	只能初步進行專題的理論推導，或是簡單歸納和分析專題的實驗數據。	對專題的理論推導，或是專題的實驗分析，有明顯困難。

每一門課程自訂「個別評量項目成績評量表」，範例課程為一學年課程，兩學期共安排五個成績評量表，分別是：

1. 實務專題（一）進度報告成績評量表
2. 實務專題（一）實務專題期中計畫書成績評量表
3. 實務專題（二）進度報告成績評量表
4. 實務專題（二）專題作品成果成績評量表
5. 實務專題（二）實務專題期末報告成績評量表

成績評量表第一個欄位為學生資料，最後一個欄位為該學生此次評量項目所獲成績，中間的欄位表示此次評量的各項指標，這些指標都必須在表1的評量指標中有對應，也就是對應到此課程所涉及的系核心能力，其中的百分比為此次評量各核心能力所占比重。需注意的是，每次評量只需引用所涉及的核心能力，無須全部引用，且同一核心能力在不同次的評量占有的百分比不必相同。如表2為實務專題（一）進度報告成績評量表，共有五個能力，各占20%。表3為實務專題（一）實務專題期中計畫書成績評量表，僅涉及三種系核心能力，分別占40%、40%與20%，其餘三次成績評量表分別如表4至表6所示。

表2　實務專題（一）進度報告成績評量表

學號	指標1：培養資訊相關數學及演算理論之能力（20%）	指標2：培養資訊系統分析及整合實作之能力（20%）	指標3：培養良好之溝通技巧與團隊合作精神（20%）	指標4：培養自我持續學習之能力（20%）	指標5：培養理論推導及數據歸納之能力（20%）	評量成績	備註
CS001	18	15	18	15	15	81	
CS002	18	16	18	17	18	87	
CS003	18	16	18	17	18	87	
CS004	18	16	18	17	18	87	
CS005	18	16	18	16	18	86	
平均	18	15.8	18	16.4	17.4	85.6	

表3　實務專題（一）實務專題期中計畫書成績評量表

學號	指標1：培養資訊相關數學及演算理論之能力（40%）	指標2：培養資訊系統分析及整合實作之能力（40%）	指標5：培養理論推導及數據歸納之能力（20%）	評量成績	備註
CS001	36	30	16	82	
CS002	36	35	18	89	
CS003	36	35	18	89	
CS004	36	35	18	89	
CS005	36	34	16	86	
平均	36	33.8	17.2	87	

表4 實務專題（二）進度報告成績評量表

學號	指標1：培養資訊相關數學及演算理論之能力（20%）	指標2：培養資訊系統分析及整合實作之能力（20%）	指標3：培養良好之溝通技巧與團隊合作精神（20%）	指標4：培養自我持續學習之能力（20%）	指標5：培養理論推導及數據歸納之能力（20%）	評量成績	備註
CS001	18	17	18	16	18	87	
CS002	18	18	18	18	18	90	
CS003	18	18	18	18	18	90	
CS004	18	18	18	18	18	90	
CS005	18	18	18	18	18	90	
平均	18	17.8	18	17.6	18	89.4	

表5 實務專題（二）專題作品成果成績評量表

學號	指標1：培養資訊相關數學及演算理論之能力（20%）	指標2：培養資訊系統分析及整合實作之能力（20%）	指標3：培養良好之溝通技巧與團隊合作精神（20%）	指標4：培養自我持續學習之能力（20%）	指標5：培養理論推導及數據歸納之能力（20%）	評量成績	備註
CS001	19	17	18	16	18	88	
CS002	19	18	18	18	18	91	
CS003	19	18	18	18	18	91	
CS004	19	18	18	18	18	91	
CS005	19	18	18	18	18	91	
平均	19	17.8	18	17.6	18	90.4	

表6　實務專題（二）實務專題期末報告成績評量表

學號	指標1：培養資訊相關數學及演算理論之能力（40%）	指標2：培養資訊系統分析及整合實作之能力（40%）	指標5：培養理論推導及數據歸納之能力（20%）	評量成績	備註
CS001	36	30	16	82	
CS002	36	35	18	89	
CS003	36	35	18	89	
CS004	36	35	18	89	
CS005	36	34	16	86	
平均	36	33.8	17.2	87	

計算各個評量指標之配分百分比

　　當完成上述「個別評量項目成績評量表」後，便可據以計算每個「評量指標」在Rubrics配分百分比。茲以上述五個「個別評量項目成績評量表」為例，每個評量表滿分為100分，故共500分。

　　對指標1（培養資訊相關數學及演算理論之能力）而言，分別在五個評量表占有20%、40%、20%、20%及40%，合計所有評量中共有140，在Rubrics中為整個500分中占 $\frac{140}{500} = 28\%$，各指標的配分計算如表7，配分計算後的Rubrics如表8。

表7　Rubrics評量指標配分計算

評量指標	配分計算（%）
指標1：培養資訊相關數學及演算理論之能力	20+40+20+20+40=140 140 / 500 = 28%
指標2：培養資訊系統分析及整合實作之能力	20+40+20+20+40=140 140 / 500 = 28%

評量指標	配分計算（%）
指標3：培養良好之溝通技巧與團隊合作精神	20+20+20=60 60 / 500 = 12%
指標4：培養自我持續學習之能力	20+20+20=60 60 / 500 = 12%
指標5：培養理論推導及數據歸納之能力	20+20+20+20+20=100 100 / 500 = 20%

表8　配分計算後的Rubrics

評量指標	配分（%）	程度			
		典範（A）	優良（B）	尚可（C）	需特輔導（D）
指標1：培養資訊相關數學及演算理論之能力	28	能清楚且完整的理解專題相關的資訊基礎理論。	大致瞭解專題相關的資訊基礎理論。	只知道專題有哪些基礎資訊與管理知識。	不清楚專題有哪些相關的資訊基礎理論。
指標2：培養資訊系統分析及整合實作之能力	28	能於專題中，完整且熟練的運用程式開發工具，實作資訊應用系統。	大致熟悉專題所需的程式開發工具。	只能簡易使用專題所需的程式開發工具。	對專題所需的程式開發工具，使用上有困難。
指標3：培養良好之溝通技巧與團隊合作精神	12	能清楚和完整的說明專題內容、參與的工作事項，並且溝通團員間的工作情形。	大致可以說明專題內容、參與的工作事項，並且知道團員間的工作情形。	說明專題內容和工作事項時，與實際情形有落差，並且不清楚團員間的工作情形。	無法清楚說明專題內容、參與的工作事項，並且不去瞭解團員間的工作情形。

評量指標	配分(%)	程度			
		典範(A)	優良(B)	尚可(C)	需特輔導(D)
指標4：培養自我持續學習之能力	12	能完整充分掌握國內外資訊產業趨勢之訊息，並運用於專題中。	大致能夠蒐集專題相關參考資料，並且大致能夠吸收和彙整。	蒐集專題相關的參考資料不夠充足。	不清楚如何蒐集專題相關參考資料。
指標5：培養理論推導及數據歸納之能力	20	可以正確且完整的進行專題的理論推導，或是歸納和分析專題的實驗數據。	大致能夠進行專題的理論推導，或是歸納和分析專題的實驗數據。	只能初步進行專題的理論推導，或是簡單歸納和分析專題的實驗數據。	對專題的理論推導，或是專題的實驗分析，有明顯困難。

評估整體學生達到各「評量指標」的情形

實施總整課程的目的，除幫助學生回顧大學學習經驗，接軌未來職涯發展外，並協助教師及學系驗收、檢討教學成效與課程規劃。因此接著將依「個別評量項目成績評量表」之各項「平均分數」計算每個「評量指標」得分。茲以指標1為例，從五個評量表指標1的修課學生之平均分數依序是18、36、19與36，且指標1在五個評量表共140，故整體學生在指標1的達成績效為：

18+36+18+19+26=127

127/140 = 90%

其餘各指標可依此類推，各指標的達成績效如表9所示。

表9　核心能力指標具備情形總表

評量指標	權重 (%)	得分	得分計算 (%)
指標1：培養資訊相關數學及演算理論之能力	28	90	18+36+18+19+26=127 127/140 = 90%
指標2：培養資訊系統分析及整合實作之能力	28	85	15.8+33.8+17.8+17.8+33.8=119 119/140 = 85%
指標3：培養良好之溝通技巧與團隊合作精神	12	90	18+18+18=54 54/60 = 90%
指標4：培養自我持續學習之能力	12	86	16.4+17.6+17.6=51.6 51.6/60 = 86%
指標5：培養理論推導及數據歸納之能力	20	88	17.4+17.2+18+18+17.2=87.8 87.8/100 = 88%

　　經由前面的量化方式，整體學生在各個能力指標上的學習狀態如上表所示，至於如何解讀、評估各項指標分數，就屬於各學系的專業問題。透過此表可對學生獲得的核心能力進行分析，藉由系所課程委員會作為未來系所課程調整與改善之依據。

經驗交流

　　經由多次執行總整課程計畫，列出幾項執行時曾被委員提出的注意事項，供讀者參考：

　　1. Rubrics是評量的工具之一，目的是讓教師能更詳細的將希望學生達到的學習成果描述出來，在教學過程中讓學生可以知道課程內涵及評量的方向，也能依循教師的要求。設計上應儘量精簡，無論是核心能力達成指標或是評分尺距，建議都儘量精簡，項目不要太多、太細。

2. 修課人數不宜過低，否則樣本數不足，無法代表整體學生的學習狀況。

3. 剛開始執行總整課程的教師會特別彰顯學生參加競賽、申請科技部計畫或是論文產出，這些都是執行總整課程時附帶產生的很棒成果。惟總整課程的重要目的是評估整體學生的核心能力達成狀況，因此每次的評量活動需依設計的Rubrics評量學生的學習成果，作為系所課程的改善依據。

4. 關於總整課程的選擇，如前所述，總整課程作為大學教育最後、最巔峰的學習經驗，讓學生整合與深化大學所學，讓學習歷程穩固完成。總整課程和大學四年課程的連結，應用了哪些課程，必須說明與基礎及前置課程間的關聯性。同時若課程的指標與系核心能力不同時，必須說明的對應情形，方能依總整課程的學習成果來檢討修正系上的教學目標。許多委員的建議是：總整課程的評量指標能夠直接檢核系核心能力。

5. 總整課程是統整大學所學的最後一門課程，當然要一門課涵蓋所有的系核心能力是不太可能的，但總整應用過去所學的課程內涵不能過低，例如：商管相關學系可能相當重視學生的英文表達能力，也將英語相關能力列為系核心能力，但不宜以英語的寫作課程作為商管相關學系的總整課程。

6. 增加學生自評、組內互評等輔助評量工具，以便深入瞭解學生真正的核心能力，提高評量結果的真實性，茲附上組內互評表供參考（見下頁）。

組別：第_____組

本評分表目的在瞭解本組專題組員在專題研究期間，組員的參與狀況以及成員互助合作的融入程度。評分表所得分數將作爲專題老師評分之參考，老師將依每個學生所得的總分與組中其他組員排序的高低作比較，換算爲加權分數，作爲專題指導老師評分時之依據。

(1) 出席狀況：組內討論、與指導老師共同討論的出席情形。
(2) 合作互動：分工後，分內工作是否準時盡本分完成、成員間可否和諧溝通互動。
(3) 參與融入：對於專題的執行願意投入心力的程度。
(4) 整體貢獻：對於專題圓滿完成，在時間、精神、體力、智力、甚至財力、人脈或其他資源上的貢獻。

評分說明：請就每一項目排序，不含本人，以1、2、3表示，最佳者爲1。

姓名	出席狀況	合作互動	參與融入	整體貢獻	評語

指導老師將各學生的互評表收齊後，再予評分。

評分學生簽名：_____

2 專題企劃與管理

施百俊

　　畢業專題製作屬於「總整課程」，用來總結學生大學四年的學習成果，也是學校／科系／老師用來檢視教學成效的重要工具。它具有「整合大學所學經驗、為大學學習經驗收尾（closure）、反思大學學習經驗（reflection），以及順利從大學過渡至下一階段（transition）」的功能；也可以說是大學學習生涯中，最後、最重要的課程，各科系通常都會要求學生要能完成某個具體作品或專案，證明自己具有該專業所要求的能力。

　　因此，對學生而言，畢業專題製作之前，需要完整詳盡的企劃，具有五個重要目的：

　　一、反覆驗證計畫的可行性：有些創新實驗性質很濃的專題，如果不進行企劃，想到就去做，常常會做到一半就發現根本不可行，導致半途而廢，那……畢業就會有問題。

　　二、規劃專題計畫的進度，以便在製作過程中追蹤管考。每年都會看見許多同學在畢業前一、兩個月，才要爆肝熬夜趕製專題，苦不堪言、怨聲載道。但其實，整個專題本來應該以至少一年的時間來完成，為什麼要到最後才來趕呢？那都是因為事前缺乏詳細的進度規劃所致。

---

1 引用自邱于眞《教與學的合頂石 —— 總整課程（Capstone Course）》，2014.5評鑑雙月刊第49期，http://epaper.heeact.edu.tw/archive/2014/05/01/6153.aspx。

三、控制專題的成本花費，以便籌集製作資金。影視類的專題，常常會做到一半才發現預算超支；在設計類、表演類的科系，最後都會要求舉辦某種形式的展演，所產生的費用往往都不是學生能夠一時之間拿出手的。這些情況都需要專題開始之初，就進行完整的預算規劃，才能夠因應。

四、凝聚專題團隊的共識，增加彼此的熟悉程度和合作默契。通常畢業專題都是分組進行，為了公平起見，不見得能讓同學自由組隊。也就是說，同學們常需與不甚熟悉、也沒合作過的同學，共同進行專題。因此，在專題開始之前的企劃工作，也是一種藉紙上談兵的討論過程，熟悉彼此，並建立團隊默契的好機會。

五、確認老師或業主的要求項目，以便評分和驗收。企劃書有點類似合約的作用，事前儘量把要求的項目白紙黑字寫下來，雙方確認過，就可以避免很多事後的糾紛。

第一節　創意發想

創意不同於數學，它不是用公式就能演算出來的產物。在創意的世界裡，1+1的答案或許不是2，它可能是「100」、「Φ」、「XY」，也可能是「1A2B」，甚至是「M31星系」。在創意的世界裡，公式或定律似乎派不上用場，點和點之間要如何連接、怎麼接觸、為何連接這些問題就像被貓弄亂的毛線，沒有固定可依循的方法。

相信許多人都有過這樣的經驗，創意點子總是一瞬間出現，下一刻又消失。這些靈感當下與手邊進行的事物或許沒有直接關係，讓你覺得晚點再補上紀錄即可。然而它卻稍縱即逝，若沒及時記錄，眨眼間便消失無蹤。隨時準備好能捕捉靈感的工具，即使被突如其來的想法迎面直擊，也能夠隨時把握住。

資訊超載的時代，隨時出現的資訊已經遠遠超過人的大腦所能處理的能力。什麼都要立刻光憑腦子記住，有如緣木求魚。因此，你必須借助一些工

具和方法，才能妥善保管從課堂、講座活動、專題報導、閱讀書籍、甚至口頭交談之間所得到的新資訊。

最有趣的是，這些零零零碎的資訊，有如一個個互不相關的「點」，你永遠不知道會在怎樣的時間、地點、情況下相互連結，演變為一個驚人的想法。每次記錄一點想法，日積月累，就能形成屬於你自己的創意資料庫，遇到瓶頸時翻翻筆記，或許就能從中攝取新的養分，創作出更好的內容。

時時捕捉靈感、資訊，實為產生創意最基本的方法。進入數位網路時代，記錄的方式已經有了改變。現在能夠藉由手機軟體、雲端文件、辦公室軟體，隨手拍一張照片、錄音、錄影……捕捉當下出現的靈感，等待點和點連接起來的時刻。

蒐集素材

創意的產生可以依賴過去所建立的素材庫搜尋，從「舊的」事物出發，經過解析後把元素添加新意，排列組合後又是一個「新的」創意，就像時尚圈常用的標語「復古風不退流行」。因此，蒐集素材便成為一種日常功課。

日常生活體驗可以解構出許多素材，只不過大腦自動將這些日常生活零碎的素材分類到潛意識中習以為常的區塊，搜尋創意的意識活動便會忽略這些素材。然而，一個人的垃圾，可能是另一個人的黃金。這些素材如果經過觀察、懷疑、思考、再造，也能夠從中發掘出不少創意。

適時轉換環境或改變生活習慣，便能產生新刺激，活躍疲憊的大腦，促使其接收新資訊，激發新的創意或觀點，比如：出發享受一場旅行、改變日常通勤的路線、嘗試菜單上從沒點過的料理、逛場展覽、看部電影、看本書、欣賞他人的作品……。這些可大可小的「改變」都能讓你擁有不同的想法，有更多領域的支持才能創造出更多種組合的可能，讓思路更加彈性、獨特、豐富，開啟創意組合更多的可能性。

無限的創意來自不自我設限的吸收，習慣待在舒適圈裡的話，接收到的資訊也會侷限在單一領域。如果能夠要求自己去挑戰原來興趣不大的領域，或許能開展出不同的觀點。跨越自己的舒適圈，從簡單的方式開始去探索自己的生命，人們能夠變得更加有自信，更堅強的面對生活，並獲得更具創意的思考方式。最簡單的方式可以是強迫自己每隔一段時間去學習一項新的興趣或者挑戰一項任務，比如：學習一種新的樂器、隨機搭車旅行、學習一種新的運動項目……，並不是三分鐘熱度，而是認真的把時間和精神花費在新的事物之上。不一定要成為該領域的大師，但是要讓自己比「菜鳥」還要熟練。當你花費這些心思學習時，對於該領域的認知與體驗會更加深刻，也能藉此看見不同的景色。

　　但是也要小心盲從與僵化思考的陷阱。城市浪人團隊的共同創辦人張希慈提到[2]：「臺灣學生在體制下已經養成一個指令一個動作的生活習慣，習慣有人引導與陪伴，因此他們規劃出三十幾個起點學生往外探索，但是任務要做得多認真、要走多遠都是個人自己決定，這三十個起點只是一個開端，讓人離開舒適圈去認識世界，也認識自己。」慣性思考是創意的大敵，尤其千禧世代接收到太多便利的科技，比如流行的SNS可以說是最好的禮物，也是最壞的誘惑——虛擬世界成千上萬的關注對象，便是成千上萬的資訊蒐集站。同時，也代表會有成千上萬的無用訊息或假訊息充斥其中。若未經過思考與求證，隨手分享轉貼，又會散布給更多群體，引發更嚴重的後果。

　　凡事過猶不及——某些行為的出發點可能是好的，但過度便會適得其反。例如：運動是好事，但是短時間過度運動反而會讓肌肉溶解；網路是人類最偉大的發明之一，但對網路成癮卻會讓大腦僵化、甚至退化。所以建議

2　引用【未來大人物】城市浪人張希慈：不該是修完學分就畢業，你真的瞭解社會嗎？https://www.thenewslens.com/feature/aces2016/44548。

適當的挑選資訊來源，並且思考資訊的價值，鍛鍊自己問問題和追根究柢的能力，去質疑、查證、思考、吸收，並非不分好壞，全一口吞食。

活躍潛意識

　　潛意識能做的比你以為的更多。人類大腦的運作相當有趣，例如：早上起床回過神卻發現身體已經「自動完成」盥洗、換裝、甚至綁好鞋帶準備出門……，那都是潛意識運作的成果。但另一方面，既然稱其為潛意識，也就是說這類行為和思考是「潛」在一般意識層面之下運作的，就像野馬一樣不受有意識的控制。

　　意識負責掌控大腦邏輯性的思考，是慣性、規律、合理性的思考方式，其中並不包含突如其來的創意。因此，若是想要激發創意潛能，就要激發潛意識，讓它為你工作。但也由於潛意識不受控制的特質，我們沒辦法「操作」潛意識，只能「塑造」一個能夠讓潛意識盡情發揮的環境。

　　在潛意識的日常案例中，早上起床盥洗的流程是相當單純的，此時的大腦只需要專心處理「早晨」這一個環境狀況，因此，潛意識能夠在這樣乾淨的狀態下開始作用。由此可知，要讓潛意識活躍的先決條件是「單純的思考環境」，過於複雜混亂的場合會瓜分潛意識的注意力。所以建議每天空出一段時間給自己，處在精神能夠集中、感到自然舒服的環境，安靜地跟自己對話。把整理出的思緒記錄下來，由此來培養潛意識的創意發想。

　　製作筆記強烈推薦使用紙筆，儘量不要使用電腦軟體。因為你可以在紙筆記錄的過程中，反芻剛剛所聽到的訊息，發展出自己的知識結構，而不是單純的只是記下訊息而已。現代每個人都有智慧型手機，常常順手就用拍照、錄音……等形式去記錄資訊，但是，不知你有沒有發現，這些照片或錄音通常很少會再回頭去看。也就是說，記了等於沒記。

　　筆記的方法，各人有各人的一套，最適合自己的就是好方法。以下網站可提供參考：

- 台大商學院筆記術

  https://buzzorange.com/techorange/2016/12/12/how-to-take-great-notes/
- 如何寫出有效筆記？我的七個做筆記方法反思

  https://www.bnext.com.tw/article/45119/7-write-note-tips
- 六種表格式思考法，讓筆記效果立即加分

  https://www.playpcesor.com/2016/08/note-1.html

或者就在Google 輸入「筆記術」，相信可以得到許多有用的方法。

第二節　專題企劃

　　如何評斷一份企劃的好壞？內容很難有客觀標準。但在形式上，一份「好」的企劃書必須：簡明具體。

　　企劃寫作的核心是將創意、點子以「紙本、電子檔、網頁、簡報」等媒介傳達給他人，呈現的形式以文字為主，在以圖片輔助，「簡潔明瞭」的「具體說明」企劃內容，其最終產物也就是所謂企劃書。

　　首先談談「簡潔明瞭」，同學要有一個最基本的認知：企劃寫作不是文學寫作，堆砌詞藻，添加晦澀隱喻並不會對企劃加分。試想你若是一位大老闆，收到成千上百份企劃書，每份企劃書都只有幾分鐘時間來閱讀，怎有閒情逸致去看一份文學寫作？因此，愈容易讓讀者在短時間內完整接收到企劃內容的企劃書，才是好的企劃書。

　　要達到這樣的標準，最好是將創意構想的「6W2H」整理清楚，讓讀者能快速接收到企劃內容。而這6W2H即是一般常見的「What（目標）」、「Why（理由）」、「Who（人）」、「When（時）」、「Where（地）」、「How（事）」代表的5W1H，加上在企劃寫作中同樣重要的「How Much（預算）」、「Wow！（亮點）」構成。

　　另一個部分則是「具體說明」。企劃的成敗因素，具體可行占了很大的部分。企劃必須要有明確的方向、清楚的執行過程與方式、符合邏輯的說明

與估計，更需要有確實的數據以及可衡量的效標加以佐證。創意要被執行才能展現其真正的價值，因此將創意具象化，才能發揮它的最大功效。至於企劃書要如何製作得具體且簡明，可以從將6W2H內容明確定義開始。

What？

What是指專題的目標以及主題。

專題名稱是一個企劃的靈魂，因此在命名上盡可能選用能讓人一眼記住又切合主題的名稱。最好能夠選用明確聯想關係的事物作為命名方向，同時保持精簡。太長又拗口的名稱不利於記憶，因此，專題名稱最好保持在一行內。如果無法達成，可以加上副標題來增添完整性，並保持簡潔力道。句子愈短，主題會愈有力道；若是可以押韻更好。

然後以敘述的方式說明專題目標或主題，將字數控制在一頁以內直接明瞭的說明。

Why？

Why是指理由，也就是為何想要製作出這樣的專題？

專題的產生背後一定具備動機與相關背景，通常是一個「未解決的問題」或是「未滿足的需求」。比如：「目前沒有可以學習臺灣歷史的桌遊」、「想要製作一個介紹屏東美食的App」。可以使用一些具體的數值和統計資料來分析背景，說明你所觀察到的問題；或者利用「故事」來包裝動機，引發客戶對於專題的興趣。

Who？

專題的執行者，或者是想要滿足的目標對象。

執行者：指製作專題的相關人員，包括工作人員或是組織，例如：企劃、公關、美術、程式設計師等，明確的敘述所需的工作人員數量及工作內容。比如程式設計x2、美術x1。

目標對象：指客戶、業主或是指導老師，專題製作所要滿足的目標對象是誰？他們對專題有何期待？比如我們要幫眷村老屋拍齣微電影，是給觀光客看的呢？還是要拿來讓當地住戶回味舊時光？影片製作的方向就會有所不同。

When？

專題進行的進度與時間管理，包括籌備進度、執行時間等。

最常使用的時間管理工具是「甘特圖」（Gantt Chart），能夠明確的將專題進度表達出來，在追進度的時候也能派上用場。且容下節詳細介紹。

Where？

專題進行的地點。尤其戶外活動要考慮到大氣，準備在氣象狀況不佳時仍能照常舉行的後備地點。若在網路舉辦，則需要提供有效連結網址。

How？

專題的執行方式、過程和所需配合的項目等。

分點列述各項目，明確標示清楚即可。也可以依照工作的執行順序繪製

流程圖，繪製方法可以參考「智庫百科」[3]或者辦公室軟體Office[4]的說明。

How much？

How much是指預算，也就是專題製作所需花費的金額。

Wow！

「亮點」是企劃與眾不同的關鍵因素。現代社會資訊膨脹，注意力也就被分散了。企劃若是缺乏特色、亮點，便無法在眾多資訊中吸引目標對象注意。因此，企劃製作過程一定要創造出不同其他人的特色，讓客戶知道你的企劃與其他人的企劃有何區別，進而提升企劃採用率。

但是請牢記，亮點重質不重量，最好控制在一或兩個亮點即可，太多的亮點反而會稀釋特色，無法凸顯出與眾不同。

在瞭解6W2H之後，相信你對於企劃內容已有更多的認識，不過企劃寫作並不是「選擇題」，而是「申論題」；要在繁多的創意中找出一條路線相當不容易，關鍵在於利用這6W2H去製作一份「填空題」考卷。

3　http://wiki.mbalib.com/zh-tw/%E6%B5%81%E7%A8%8B%E5%9B%BE

4　https://support.office.com/zh-tw/article/%E5%BB%BA%E7%AB%8B%E5%9F%BA
%E6%9C%AC%E6%B5%81%E7%A8%8B%E5%9C%96-e207d975-4a51-4bfa-a356-
eeec314bd276

【範例】6W2H 專題企劃

以下就以製作學校導覽影片為例，示範填寫6W2H專題企劃表單。

• What？

專題名稱：「樂在天龍」

製作5分鐘「天龍大學」校園導覽影片。

• Why？

使新生能夠迅速熟悉校園，校外人士也能夠飽覽校園風光。

• Who？

委託單位：天龍大學　指導老師：施曉伶

製作團隊：數位娛樂系大四朱戌鐘、資訊工程系大四許大政、文創系大
　　　　　四林筱筠

• When？

製作期程：2018 / 7～2019 / 6

• Where？

攝製地點：天龍大學校園

• How？

前製階段：編寫劇本、選角、勘景等，2 month，2018 / 7～9

攝製及3D模型製作：4 month，2018 / 10～2019 / 2

後製作：4 month，2019 / 2～2019 / 6

宣傳行銷及畢業展演：2019 / 6

• How much？

製作預算10萬元，由天龍大學編列預算支應，製作團隊雜支2萬元由同學
自行負擔。

• Wow！

結合VR / AR技術，3D模擬真實現場！

在實際職場上，業主或客戶所要求的完整企劃書，篇幅遠超過以上的簡單企劃書──三、五十頁，甚至數百頁的企劃書規模也很常見。有時雖然客戶沒這麼要求，但為了顯示企劃的認真程度，也會刻意把篇幅灌水（用很多的圖片、表單、附件……等）。但不管是多大的篇幅，最核心都是6W2H。也就是6W2H就能「具體而微」的含括一切了。[5]

專題企劃是個動態修正過程，通常都會一面做一面改，逐漸修正當初的原始企劃。因此，一開始寫幾百頁的完整企劃沒有太大意義。

6W2H也可以用來理解「提案要求」（RFP, Request For Proposal），尤其是在與業主／客戶／指導老師溝通的時候，也可以邊溝通邊寫，視覺化的呈現專題需求，可以有效提升溝通的效率。

第三節　時程與進度管控

大學生活的定律：「時間永遠不夠用。」

認真的同學讀書、做專題；愛玩的同學談戀愛、搞社團、上山下海、夜衝夜唱；還有的同學為了生計（或玩樂），得出門去打工，好像時間怎麼都不夠用。到了大三、大四，面臨畢業專題的壓力，時間不夠用的困擾就更嚴重了。

畢業專題橫跨的時軸遠較一般作業時間長，短則半年，長則四年。某些學生會以「船到橋頭自然直」的方式規劃進度，然後發現「計畫趕不上變化」，怎麼樣都趕不上預定進度；到了時限將至，才來全力衝刺、天天熬夜，結果還往往趕不上交件時間。

無論在哪一行，錯過「截止時間」（due day）都是「死刑」、「當掉」。在我的課堂上，「遲交」和「沒交」一樣，都是0分。因此通常會

5　《文創產業企劃實務》，頁41。

要求同學養成習慣，將自己的截止時間提前，才不會在交件前臨時發生狀況，導致不可挽回的後果。

也就是要「預留時間」。比如下週要交的作業，一定要今天開始做，最好今天就做完；月底截止的進度，一定要月中就完成。

另外，規劃時程時，最好將配合單位需要的工作時間一併列入，而且一定要「從寬估計」——要有心理準備別人一定會延誤進度，多預留一些時間作為緩衝，以免到了截止時間，該配合的東西沒到，慌了手腳。比如說，大多數的影視製作公司是下午才上班，不是朝九晚五，那早上就沒辦法聯絡；有些科技公司要配合海外Meeting，晚上才能作業。這些情況都與大學生的作息不同，需要協作時就得列入考量，以免進度大亂。

規劃時間和進度時常用的工具是甘特圖，範例如下：

	2/21	3/1	3/11	3/21	4/1	4/11	4/21	5/1	5/11	5/21	6/1
文案	■	■									
視覺設計	■	■	■								
排版			■	■	■						
校稿					■	■	■				
簡報								■	■	■	■

甘特圖是專案管理不可或缺的工具，可根據工作分配設定進度。製作方法相當直覺，首先將工作分項，再填上對應的時間區間即可。製作時注意工作項目間的關聯性：有哪些工作項目有先後次序？有哪些工作項目必須同時進行？都要在圖上仔細標示，務求一目瞭然。

現在有許多便利的工具能迅速製作出甘特圖，最基本的即是一般電腦都有配備的Microsoft Excel，只要手動輸入工作項目（縱軸）和時間（橫軸），再將對應的儲存格塗色即可。當然，也可以用內建的長條圖案填滿，只要團隊成員都能看懂就好。

Google試算表也能達成類似的功能。而且現在有專門製作甘特圖的外掛程式「ProjectSheet」[6]，可以依照指示繪製甘特圖。程式還會自動計算完成時間風險，如果進度落後，圖表會以黃、紅色標示專題無法完成的風險。或者利用Google日曆[7]，也能將工作項目一一輸入，以類似甘特圖的色塊呈現。還有個額外的好處，可以結合Google雲端平台[8]，打開團隊共用模式，方便團隊成員即時回報進度並修正時程。

另外一種進度管理工具是「待辦清單」（TO-DO LIST）。使用者只要將所有待辦事項依序由上而下列出來即可。例如：七點十分寄送郵件、七點半整理文件、八點開會、十二點午餐約會……等。這樣的管理方式相當簡單，但若工作項目過多，密密麻麻的待辦清單反而會降低工作效率。

待辦清單與甘特圖最大的差異在於，甘特圖橫跨的時軸較長，而待辦清單通常是用以管理較短時間（通常是「一天」）能完成的工作項目。建議每天選擇一個時段，比如早上剛起床、或者前一天晚上睡覺前，依「重要性」排序整理後，再寫下要完成的工作項目。請注意，千萬不要好高騖遠，訂下超過自己能力所能完成的工作項目和數量，以免無法完成時，反而會延誤後續工作。

待辦清單既是每日工作進度，最好是能夠隨時方便編輯。因此使用手機應用程式會比紙本或者電腦軟體方便許多，只要上網搜尋，就能找到許多待辦清單的應用程式App。選擇時最好挑選版面簡潔，且具備提醒功能的App，比如Evernote[9]。另外也推薦Google Tasks[10]，雖然功能簡單，不過能與

6　網址：https://chrome.google.com/webstore/detail/projectsheet-planning/ejljeigigmpdnoohkmbpbgdgmgffjahc

7　https://calendar.google.com/，登入Google帳號即能使用。

8　https://cloud.google.com/

9　https://evernote.com

10　在Google手機應用商店搜尋Google Task。

Gmail和Google日曆連動，相當方便。

要記得「少就是多，簡單就是美」，與其將各種事件分開記錄不如統一管理。利用科技輔助，統籌所有工作項目和活動，再依照自己需求進行調整。如此一來，進度些微落後時就能及時處理，不會像滾雪球般愈積愈多。

為了避免進度積壓，最好能夠定期檢視進度，如果是一、兩天的短時間進度，就依循「今日事今日畢」的概念天天確認。如果是超過一個月以上的長時間進度，就要切開分成小週期來檢視。就團隊而言，進度落後不是問題，隱瞞落後才是問題。團隊成員都應該加入共同的工作時程表，方便彼此互相配合、互相檢視進度，才不會誤了整體進度。

第四節　財務管理

由於專題製作課程愈來愈受到各校系的重視，學生製作的成果也會被拿來當作教學成果來展示。慢慢地，就演變成為校系學生之間的「軍備競賽」。尤其近年來，各種畢業成果展會愈辦愈大，校系所支出的費用的愈來愈高，每系花費數百萬時有所聞。學生的負擔也愈來愈重，每人花費破萬已成常態，也常常變成社會輿論批判的對象。

專題製作的規模「可大可小」，比如拍齣微電影，可以不花一毛錢，也可以10分鐘就花掉10萬元；製作App，在iOS平台的前置成本可能就要10萬元以上，而Android系統可能不用花到錢；製作遊戲，可以一毛不花，也可以耗資百萬以上（比如在後面章節施如齡老師介紹的《小貓》就是千萬製作）。因此，對進行專題製作的同學而言，預算的控制就更形重要。最高的指導原則就是「量入為出」，你要以能夠籌集到的資金規模來規劃專題；而不是「量出為入」，以想像中專題將要達成的規模來規劃資金需求。

當然，這牽涉到與專題指導老師或業主之間的溝通與共識。有時候為了達成特定的專題目標規模，就會產生相對的資金需求。因此在製作前期，更

需要完整詳細的企劃，才能逐項去估計即將產生的花費，以便去籌集製作資金。就我的經驗而言，每位學生所負擔的專題製作經費超過每學期的學雜費便算不合理；以今日的物價水平而言，萬元以下尚稱合理。但反過來說，天下沒有白吃的午餐，若學生要求一毛都不花，實在也做不出啥好東西。

對於校系而言，爭取外部經費的挹注很重要，比如教育部的各項教學計畫補助；也要在年度預算內編列支持學生專題製作的經費。對同學個人而言，則需及早規劃儲蓄。強烈建議從大一入學開始，班上就應該選出幹部，每月向同學收取少量的金額，比如100元，存在公積金帳戶內，積沙成塔，那麼在大四專題製作時，就會有一筆不小的經費可用了。

一般而言，學校／科系／老師都不會經手學生的畢業專題經費，要由同學自行籌措保管。班上或者小組可以推派一位「總務股長」（帳房、掌櫃），來負責處理經費收支和帳務。在我的任教生涯中曾經發生過一個案例：負責保管全班專題經費的同學因為成績不佳遭到退學，結果就找不到人了，形同捲款潛逃，同班同學多年籌措的專題經費也就付諸東流，欲哭無淚了。所以，一開始在擇定負責管錢的同學時，一定要小心。有一個防弊作法是：現在的金融機構可以開設聯名帳戶，由兩位同學一起開戶、處理財務。雖然比較麻煩，總比事後懊悔的好。在較大型的團隊組織中，也可以把「出納」（負責現金收支）和「會計」（負責帳務）分開由兩個人來掌管，兩方定期對帳，可以有效防止弊端。

在企業組織中都會有各式財務管理原則、方法和會計報表[11]來維持企業的財務表現，但畢業專題的預算規模也沒那麼大，做太多的報表不符比例原則、也不敷成本。因此，建議建立維護最簡單的「現金日記帳」（Cash Journal），俗稱「流水帳」即可。

現金日記帳最好用紙本，以防塗改，不要使用電腦試算表或手機帳簿來

---

[11] 有興趣的同學可參閱《經營文化創意產業：由財務管理出發》一書。

記帳。一般市面上的書局、文具行都有在賣格式簡單、裝訂良好的現成帳本，只要花費百元以內，就可以買到一本。

　　首要原則是：現金日記帳只記錄「現金」（cash）進出。真的發生現金收支才可以登錄進去，未發生的現金收支，不予處理。也就是說，負責出納收支的人，必須親手拿到／付出鈔票、親眼看到存摺登記數字，才可以把收支數目寫在帳上。未來才會發生的收支，比如下個月才會收到的錢、明天才要付的貨款……等，都不可以現在登載。

　　流水帳最少有四個基本欄位：日期時間、收入、支出、結餘，如有需要可以再增加，通用格式如下：

編號	日期	事由	收入	支出	結餘	備註
1	2018/8/21	學校補助	5,000	0	5,000	畢展專案經費
2	2018/8/22	展覽場地租金	0	2,000	3,000	
3	2018/8/25	參展保證金		1,000	2,000	2019參展完退還
4	2019/7/5	退還保證金	1,000		3,000	2018/8/25繳

　　「編號」為流水號，按收支交易發生的順序逐筆往下記載，不可跳號。「日期」欄位用來記錄交易發生的時間。一般而言，畢業專題的收支筆數不會太多，記錄到日期就可以了。「事由」用來記錄交易發生的原因、理由，以便日後查找。如果記不下，可以寫在「備註」欄。

　　所有現金收入都要記錄到「收入」欄中，然後在「結餘」上加入這筆款項；所有現金支出都要記錄到「支出」欄中，然後在「結餘」上減去這筆款項。「結餘」欄有重複檢查的功能，可以確保這次的交易金額登載正確，也可以用來與現金帳戶的餘額相對照，檢查是否有交易未登錄，防止弊端。

　　在本範例中，編號1的交易為收入項，記載學校補助畢展的經費5,000元已經收訖，進入帳戶。編號2是支出項目，記載付出展覽場地租金2,000元。編號3和編號4為成對的交易，記載本組在2018年付出了參展保證金1,000

元，將於2019年退還。要注意的是，2019年退還保證金的收入，一定要確實收到了才能記入流水帳。

使用現金日記帳時要注意以下幾點[12]：

1. 要保持帳目完整、交易連續編號。不可塗改刪修或撕去簿頁；也不可以跳行跳頁寫。記錄錯誤時，用紅筆畫橫線在上面，接著重寫一筆即可。

2. 日結月清：交易量大時，可以每日一頁（或數頁），結清了再寫下一日的紀錄。並在最後一筆交易後方記錄「以下空白」，每月月底，和手上的現金核對結餘。若不相符，務必找出原因，並在帳目上交代清楚。

3. 誠實：這本現金日記帳只在專題組內使用，務必公開誠實，每位組員都能查閱。不要因為帳務問題而損及組內的和氣。

第五節　團隊協作

畢業專題製作通常都是分組作業，有幾個原因：(1)製作的規模遠比一般課堂作業大，單獨一位同學無法勝任；(2)一位老師無法同時指導太多題目和同學，分組進行比較方便，也能聚焦在幾個重要題目就好；(3)讓同學在學校裡就習慣熟悉團隊工作的型態，以便與職場接軌。分組時，每組成員建議以三到七位同學為宜。太少的話無法分工；太多的話，就難免勞逸不均，甚至有「搭便車」的現象 —— 某些同學累得要死，某些同學從不出現，到最後弄得全組分崩離析，不歡而散。

組成團隊的優先考量最好是能「專業分工」：每個人有不同的專長，負擔不同的工作類型。有人負責文書處理、有人懂得美術編輯、有人擅長財務管理……等。但國內的大學科系往往專業分得很細，同班同學中很難找到

---

12 參閱《經營文化創意產業：由財務管理出發》，頁49。

有多領域、跨領域專長的人才，比如資訊工程科系很少擅長美術的同學，人文藝術科系很少有能程式編碼的同學。要進行專業分工，有相當程度的困難。解決之道首先在於專題課程的設計，可以嘗試整合不同科系的學生來共同進行，組成「雜色團隊」[13]。比如資訊工程系和視覺設計系、企業管理系和機械工程系……混合編組。真沒辦法這樣的話，只好讓組內的同學分工，去學習不同的專業，那也未嘗不是好事。

專題製作團隊的指導老師和組長，最重要的任務之一是凝聚團隊的向心力。團隊可以建立統一的「識別系統」，包含有意義的組名和視覺符號，都可以讓成員更認同這個團隊。比如我指導的專題製作團隊就叫作「屏大文創喵組」，並建立了臉書社團。歷屆的同學、學長姐都可以在裡面交流，無形中就可以發揮承先啓後的功能，老師的指導負擔也減輕許多。另外，除了正式的團隊會議和課程以外，辦些非正式的聯誼活動、吃吃喝喝、唱唱跳跳，也很有效。

對任何一個成員而言，要有正確的團隊合作心態，包括：

1. **好的朋友不一定是好的工作夥伴**：同學未來出社會、進職場，也都要和不熟悉的同事、長官、部屬一同工作，在專題這「最後一哩」課程裡學習團隊協作，是很重要的學習目標，也是「專業」（Professional）態度的一部分。因此，編組時不一定要去找熟悉的好朋友，要以完成專題的專長需求為優先，找不熟悉、但能互相補強的同學同一組反而更好。此外，既然不熟悉，難免會需要一些「磨合」，無論在合作過程中產生多少摩擦，彼此應該多溝通與包容，整合眾人之力共同進步。

2. **別熱心過頭**：團隊中很容易出現熱心過頭的成員，除了自己分內的工作以外，一股腦地想去「幫助」他人。這些自以為的好意可能帶來負面的效果：第一類是被幫助者可能因此習於有人幫忙，分內工作老等著別人

---

[13] 詳細請參閱《開心玩文創》，頁26。

幫忙，反而無法在工作中成長；第二類是當幫助者放下自己分內工作去幫別人，反而拖累到自己的進度；第三類是有些知識型作業，比如構思文案、模組編碼……不容易畫清責任分屬，如果被他人介入不一定會提高效率，而是要多花時間去瞭解執行進度，反而耗費更多的時間成本。所以，建議「不告不理」，夥伴真的無法自行處理，主動呼救了，而你也不會耽誤自己的工作進度，才可以考慮去幫助別人。

3. **先思考再行動**：偶爾全靠衝動、直覺或靈感來做事，會有神來一筆的效果，但應該告訴自己那全是憑運氣，不應該變成工作的準則或常態。「馬上動手做」並不一定有效率，收到工作指令要先吸收、思考、整理，花少許時間就能讓後續工作順暢許多，這樣才會有效率。

4. **守時**：每個人的時間都很寶貴，首先開會絕對不能遲到。遲到浪費的不只是一個人的時間，而是全體成員的時間；更嚴重的是，會創造出「破窗效應」——這次開會準時到，結果被耽誤時間的人，下一次他就不會想準時到了。會議開始時間就是「開始討論」的時間，而不是閒聊、前置準備的時間。再來是遵守進度時間，團隊工作往往環環相扣，前面的工作延遲了，後面的工作就會延遲得更嚴重。每位成員一定都要遵守約定好的進度與期限，「誓死」達成目標。為了達成守時的要求，團隊可以訂出一些罰則：輕則請吃宵夜，重則開除、當掉、延畢……，相信都可以有效提升工作效率。

5. **資料數位化、協作雲端化**：要懂得使用數位工具來提升工作效率，一來可以確保資料不會遺失，二來可以利用網路傳送，分享給團隊成員。比如記錄靈感應該使用紙筆，但一有空可以利用現成的手機應用程式，照相、掃描保存起來；有些工具可以將手寫文字直接轉成數位碼，順便還校正方向與字型。實施現地調查時，應該隨時用手機照相、錄音，保存第一手的原始資料。

6. 團隊成員間的工作時間和效率往往不同，各自趕工時，很難達成進度的一致化。這時就要利用前面提及的雲端協作平台，如Google、

Dropbox、Evernote等來交換資料、協調進度。這些平台都具備共享功能，容許建立一個團隊資料空間，每個人都可以隨時上傳已完成的進度。不只能夠安全備份檔案，也能讓團隊成員確認彼此進度，更能夠隨時找到需要使用的素材，即使不常開會也能夠保持團隊進度的一致性。

7. **適當的工作時間**：有許多研究分析夜晚或早晨工作，哪種效率高？目前尚無定論。就我自己的教學經驗而言，年輕人喜歡晚上工作，年紀大則喜歡早上工作。但無論早上或晚上，有一點總是不變的，就是需要充足睡眠，身心和大腦才能發揮最高的工作效率。多數人在晚上十一點後專注力會下降，進入僵化的思考模式，因此建議不要將團隊會議時間排得太晚。與其一群人大半夜陷入僵局，不如早早休息，睡飽了、恢復專注力再來開會。

團隊協作最基本的方式就是開會（meeting），開會有幾個小技巧和大家分享：

1. **避免開會**：乍聽之下很矛盾，但其實很實用。在大多數的組織裡，大多數的會議都沒有必要，徒然浪費參與者的時間。有時是決策者懶得扛責任，開會只是叫大家來對分配工作畫押、背書；有時是團隊成員進度落後，迴避責任⋯⋯理由不一而足。因此，團隊協作首要精簡會議，沒有必要每項工作都要進行討論。能夠一對一交代的事情，就不要浪費其他人的時間。除了需要全員討論的重要事項以外，能不開會就別開會。

2. **誠實的態度**：在會議上遇到不懂的地方要馬上提出，千萬不要不懂裝懂，否則會後執行時，很容易走錯方向，降低團隊效率。進度落後要立即回報，請求支援。夥伴尋求幫助時要審視自己的工作進度與能力，如果無法負荷，也要坦白表述。如果游刃有餘，別怕麻煩，幫助隊友一起解決問題！

3. **控制會議成員數量**：人數過大的會議光一人一句就會花費不少時間，要凝聚共識更是困難。因此會議人數最好控制在7人左右，若是人數遠多於此，則可拆分為小組會議，再凝聚整合小結論，形成一個大結論。

4. **稱職的主持人**：主持人首先要對於提案內容有相當程度的瞭解，再

者他需要具備掌控會議的能力，包括控制會議節奏、掌握會議流程、將話題維持正軌等，以確保會議有效率地進行。最重要是懂得「做成結論」，議而不決的會議等於是白開。

5. **不踩踏他人的想法**：每個人都有發言權，創意想法也無優劣之分。會議主持人可以採用積分制，若某人一再違反會議規則，如故意離題、拖延時間……等，則在其積分上加一分，若積分過高則請其離場。千萬不要把電視上學到互相攻訐、互相質詢的議會模式帶到專題會議來，保證會搞到一事無成。

6. **慢點評估構想**：會議進行中，別急著對一個想法下評估。那會讓大腦停止創意性、外張性的思考活動，進而阻卻產生其他想法的機會；也容易產生對一個想法既有的印象，甚至是牽制聯想。

7. **對事不對人**：人際關係影響人的行為甚大，人們時常擔心在會議上不贊同他人想法會影響到彼此的關係，因而讓感情影響判斷──傾向採用關係親密的人提出的意見，駁斥關係疏遠的人提出的意見，最終導致計畫的失敗。每個人都該在會議中保持對事不對人的態度，就事論事，才能提高提案與決議的品質。

8. **聆聽**：會議的目的是溝通並達成共識，既然如此，比起「說」，更要注意「聽」。好好聽進對方的想法，才能做出對的共識。

9. **站著開會**：當會議進行到死胡同，效率近乎零的時候，請所有成員站起身。站著開會不只能讓精神更集中，也會因為不想站太久而長話短說，集中焦點。

10. **不要執著於「凶手」**：事情搞砸了，人就會想要找人負責。但是若執著於找凶手，就會陷入推卸責任或互相指責的惡性循環。比較合理的作法是對事不對人，找出錯誤的原因，追溯出錯的源頭，犯了錯就改，不要去指責別人。因為說到底，專題小組才少少幾個人，缺了誰都不行啊！

11. **嘗試多元思考**：為了追求製作的效率，往往使用「直線思考」，講究SOP。但要是會議中所有人都只直線思考，很容易陷入僵局或者產生盲

點。這時可以使用其他的思考模型，例如：心智圖、正反論證、KPT討論等[14]，藉由不同的視角來進行討論，可以產生更有效的方案。

    12. **轉換環境**：長時間會議會消磨耐心，也會使思路僵化，討論就容易陷入死胡同。沒有人喜歡花時間卻得不出結果，因此脾氣逐漸壞了、口氣逐漸差了，衝突也隨之而來。這種時候最好是轉換環境，可以暫停會議，離場休息；也可以從坐著開會轉換站著開會，讓生理環境產生改變，心理環境也會開闊些，也就比較容易從死胡同裡找到出路了。

參考文獻

施百俊，**文創產業企劃實務：影視、出版、創業、競賽與標案一本通**，五南，2015/2/1初版一刷。ISBN：978-957-11-7930-8。

施百俊，**開心玩文創：從0到億的創新魔法書**，書泉，2012/7/25初版一刷。ISBN：978-986-12-1763-5。

施百俊主編／賀瑞麟、葉晉嘉、蔡玲瓏、朱旭中、張重金著，**創意思考與文創應用**，五南，2018/4/1初版一刷。ISBN：978-957-11-9654-1。

施百俊，**經營文化創意產業：由財務管理出發**，五南，2017/5/25初版一刷。ISBN：978-957-11-9119-5。

---

[14] 更多更詳細的多元思考方式，請參考《創意思考與文創應用》一書。

林姿妘

國立屏東大學文化創意產業學系學士，現就讀國立屏東大學
文化創意產業學系碩士班。曾參與國內多項企劃創作比賽、
MICE會展比賽、微電影拍攝比賽，也帶領團隊進行偏鄉戲
劇表演，專長於劇本創作。fd102120@nptu.edu.tw

第二篇

遊戲製作

3 數位遊戲

施如齡

　　現在大家都玩《旅蛙》，之前流行《糖果傳奇》，再之前大家一定要經營《開心農場》。數位遊戲緊抓人心，填補我們每個讀書與工作之餘。一個2D橫軸遊戲《返校》風靡全球，無人不知線上多人連線遊戲《英雄聯盟》。數位遊戲形式千變萬化，在形式、內容、意涵方面，各有支持者與愛好者。年輕學子愛玩數位遊戲，也希望有天能夠自己做遊戲，真正成為遊戲界的一份子。然而，想玩數位遊戲容易至極，但要製作數位遊戲，歷程繁複，耗時費力。尤其想要製作有內容深度、知識內涵、遊戲性高、吸引力強的遊戲，需要注意的細節則更多。

第一節　遊戲設計

　　從數位遊戲的類型來看，包羅萬象，隨手羅列就有賽車遊戲、格鬥遊戲、運動遊戲、動作遊戲、養成遊戲、益智遊戲、解謎遊戲、策略遊戲、模擬遊戲、體感遊戲、角色扮演遊戲……等，未能盡數。這些遊戲類型還沒另外區分2D、3D、擴增實境、虛擬實境等呈現型態，或是以不同控制器進行的操控模式，甚至是界面設計、繪圖樣式等多元風格。因此要製作數位遊戲，首先需要先對自己想投入的遊戲進行定位。

　　遊戲定位，要先思考對象群眾。如果是商業型遊戲，對象就是普羅大眾；在普羅大眾中，再繼續思考：對象是上班族、學生族、家庭、還是專業玩家？

上班族可能能夠玩遊戲的時間較為零散、短暫。由於平時工作忙碌，可能會比較喜歡隨手玩、隨時停、比較不需要過度用腦的遊戲。此類遊戲大多以養成遊戲、小型益智遊戲、解謎遊戲、或競賽遊戲等為主。

學生族，或許也有部分上班族，能夠玩遊戲的時間是晚上較為完整的時段，一小時到三小時不等。由於平時生活節奏統一、步調單一，生活範圍小，相對地偏好進行大型的動腦思考、連線遊戲，可增加社交機會、達到娛樂效果的。此類型遊戲以運動、模擬、策略、角色扮演、連線遊戲居多。

若是家庭型遊戲，則需考慮老少咸宜的題材，能夠有較多的肢體活動空間與人際互動者。因此，體感遊戲、益智遊戲等則為適合的類型。

而玩家型遊戲則是相對複雜、特殊的遊戲。要不就是風格奇特、內容主題突出，要不就是玩法特別、型態特殊等。通常這些遊戲在機制上具有複合式的樣貌，益智加動作、養成加策略、解謎加角色扮演等，目的在於體驗獨一無二的遊戲樣貌，測驗玩家的程度與能耐、或是挑戰遊戲類型的變化與極致。

因此，即使設計目標為商業型普羅大眾的遊戲，但仍然有其小眾對象。倘若設計者未能設定小眾對象，那麼遊戲在製作上便會有目標模糊、型態普通、內容無特色等缺陷，在成品產出時則會缺乏市場性，耗費的時力會付諸流水，很可惜。

除了商業型的遊戲之外，市場上還有一個小區塊是學習型遊戲。雖然提到「學習」二字好像大家就會興致冷了一半，但學習型遊戲除了具有其社會性與教育性的意義，仍有其廣大市場。無論是家長、教師、政府機構，無不希望孩子的學習能夠改變傳統講授式的課程樣貌，讓學習更有樂趣，也能在遊戲過程中無形的學習。

本章以數位3D RPG遊戲《小貓》作為主要範例，進行各面向的遊戲設計與開發說明，盡可能地提供最完整的遊戲製作歷程說明，展示每個製作步驟與思考向度。不同類型的遊戲設計均足以借鏡思考，必要時在各個環節會補充說明。另外，本章不處理軟、硬體建置問題。因為相關製作軟、硬

體，市面上均有步驟教學與書籍可以參考，需要更為細節與繁複的技術學習，這部分就交由製作者各自練功。網路上有許多開放的影音教學，跟著做一遍就能夠學會基本概念與技術。至於其他額外的功能或外掛程式，網路上也可以找到相關資源，或是與軟體教學的老師進一步研商。

遊戲製作知識管理

　　製作數位遊戲好比拍電影，從企劃、美工、到製作；要動腦，也要動手。要寫腳本、要寫程式，還要估計經費、製作時程，並且規劃人力、物力的資源使用。這些必要工作項目雖然只能順序性的指引說明，但真正執行起來卻非如此。它是一個交叉互動的過程，企劃影響美工與製作，美工影響經費與人力，資源影響製作與企劃，遊戲程式也要考量美工與腳本的各項配置與規劃。另外，製作遊戲絕非一人可以勝任，因此，團隊成員的招募、分工與責任配置、合作的方式與時程掌控，都需要有強大的專案管理執行能力。

　　無論面對大型或小型遊戲開發，一定都需要類似這樣的知識管理架構與概念；其中大致上分為內容領域、技術領域、美工領域。這在公司組織裡通常區分為企劃組、美術組與程式組。各分類項下再視需求細分，例如：美工還會包括人物、服裝、場景、物件、介面樣貌等；技術可能會有關卡、動作、地圖、互動功能、介面配置等。圖1是《小貓》的遊戲製作知識管理圖，在整個開發日程的限制下，每件需求都標上必須完成的日期與總共可運用的天數。另外要標上每週會議回報的進度，在表單上統一管理專案進度的完成比例。由於每個項目可能會需要美工與技術人員相互搭配，製作人需要更注意跨組的協調。

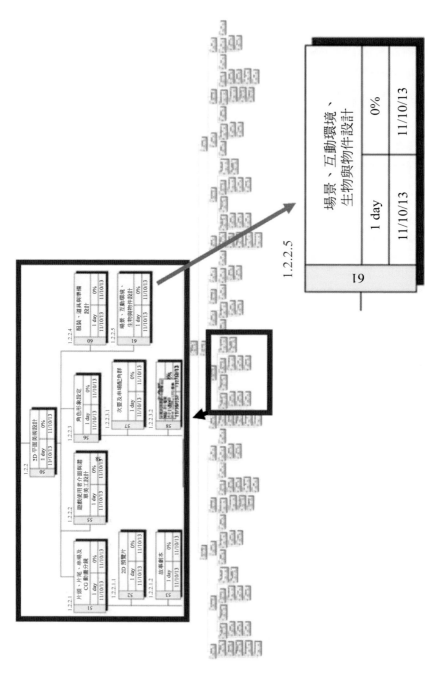

圖1　遊戲製作知識管理

遊戲特色

開始設計遊戲，第一步要回答的是What，想做「什麼」遊戲。這個「什麼」，必須是一個主要特色。它可以是一個目前市面上遊戲所沒有的特色，成為單一的創新體；也可以是一個綜合市面上幾款不同的遊戲元素所產生出來的特色，成為一個整合度很好的綜合體。它是現實的還是虛構的？是古老的還是現代的？是東方風格的還是西方的？是科學、魔幻的，還是歷史、人文的，甚至是藝術、創作的？它是娛樂性的還是啓發性的？它是平行遊戲還是互動遊戲？身為遊戲設計師，這是要思考的第一個問題。倘若有野心想讓遊戲上市，那麼需要更多的市場調查、內容思考與風格設定。

遊戲特色的書寫要有時空背景、主角特性、故事風格描繪，有如書寫文學小說一般，寫出吸引人的特點，並告訴讀者為何這個故事值得一讀，在遊戲中又能夠經歷什麼。

【範例】《小貓》的遊戲特色

本遊戲以台客武俠小說《小貓》為主軸。該書作者施達樂實為施百俊之筆名。《小貓》於2008年11月底出版，是本以「台式武俠」號召天下，既寫實又虛構、有武俠也有柔情的本土傳奇小說。內容描述十九世紀末，在南臺灣發生小人物大時代的故事。書中主角林小貓生於萬丹，少年時拜師練藝，習水滸英雄人物於阿猴（今屏東）行俠仗義。為呈現武俠小說精神，即在真實的歷史結構底下發展其趣味。小貓的故事，寫的不僅是抗日英雄的故事，更是充滿了泥土味的「台客群像」，幾乎生活在這塊土地上的人，都可以在其中找到自己的影子。施百俊說：「書中的每個人物都是我的學生，就是同世代中成績最差的百分之二十，有些少年練八家將，刺龍刺虎的；有些染上毒癮、網癮，終日沉迷；有自

卑無助、無面目的鄉下女性；也有終日逞強鬥狠、不知明天的浪蕩少年……」與《海角七號》一樣，是有愛有淚的台客浮世繪。

　　重要的是，這是一本描述南臺灣的小說。因為小貓全族遭屠滅，除了少數林小貓本人的史料外，省文獻會的官樣文章也記了寥寥數百字。故事中幾個大事件都是真實的，其中包括牡丹社事件、攻潮州城、攻恆春城、受招安、還有滅族結局。這些讓玩家進入遊戲後，能夠接觸到真實的史地知識，對於數位遊戲的開發而言，是很珍貴的部分。當然，小說皆有其虛構成分，小貓的仇家、好友、女人……等人物都是虛構的；黃飛鴻、孫中山、胡適……等確有其人，但為了強化真實感，也在故事中與小貓有所互動，這在遊戲中，能夠為趣味性加分。當然，在虛擬與史實之間的交叉，還需靠遊戲製作團隊思考，在過程中產生提示與導正的作用。

　　上面這個範例，是以小說為基礎、南臺灣抗日歷史為題材、平民英雄為故事主角，以台客武俠為文學基調，描述愛與劍之間的愛恨情仇。這個故事線，與其他市面上的遊戲相較，選用相當不同的臺灣歷史題材，在遊戲故事的主角與文學的調性上也更為在地化、貼近玩家的生活。而故事情節的節奏與層次，恰好也可以作為遊戲關卡的任務，帶領玩家一關一關的發展下去。

　　在目標對象上，這個遊戲題材可以讓處於青少年時期的學生們，在遊戲中除了瞭解身邊的歷史，也反思生命的意義；也可以讓思想逐漸成熟、即將踏入社會的大學生、甚至是社會新鮮人，在接觸此遊戲時，可以藉由遊戲的歷程，看到社會百面現實。更重要的是，無論哪個階段的讀者，只要是能夠在故事中找到自己影子的人，均能夠以小貓的故事為借鏡，體驗臺灣鄉土史地帶來的百感交集、深刻感受。

練習

1. 選擇一款遊戲，分析它的題材有哪些特色？有沒有獨一無二的特殊點？它吸引人之處在哪裡？
2. 試試看，想一個新穎的遊戲題材，然後訂出遊戲對象與對他們可能帶來的意義。

遊戲型態

　　由於範例《小貓》是個穿越歷史故事的關卡型遊戲，因此，遊戲型態訂定為角色扮演遊戲。角色扮演遊戲（Role-Playing Games，簡稱RPGs），是著重於玩家角色的成長與經歷之遊戲。RPGs通常有大量的故事情節並含有某些學習任務，包括挑戰、解謎、互動等。玩家負責扮演一個或數個角色，依據角色屬性與其發展歷程，透過所賦予的問題、情節或任務，在人物本身的諸多細節上進行調整、更改，設定個別化的特質，讓玩家能夠塑造能認同並投入的角色形象。角色如同真實人物會成長，並且藉由動作、戰鬥、經驗等去獲得裝備與能量。此類遊戲最大的目的，就是讓玩家透過情感投射，親自體驗現實以外的生活。

　　另外，角色扮演遊戲的組成元素包括地圖（迷宮）、角色自由移動（動作）與戰鬥冒險，其設計重點在於人物的發展、冒險與探索。角色扮演遊戲之關鍵核心為「故事」與「人物發展曲線」，而冒險、探索與戰鬥為呈現兩種主要元素之遊戲機制。雖然「故事」有可能會被忽略，然而人物發展、冒險、探索與戰鬥則為必要元素。就角色扮演遊戲設計面向的整體而言，則包含主題、背景、互動模式（包括角色管理、導引與控制、物品）、以及視角等。更具體觀之，可以從遊戲過程、遊戲劇情與互動設計來探究：

　　● **遊戲過程：** 包含以一個故事來串接全場的遊戲模式，和由練功、探索、任務所組成的遊戲挑戰，以及通常與劇情作緊密結合的得勝條件。

- **遊戲劇情**：遊戲必須建構一個能吸引玩家的世界觀，還要有動人的戲劇設計，和包含角色屬性、職業、技能、外型的角色設計。
- **互動設計**：畫面設計需包含觀點、視角和介面的設計；操作設計則是決定了角色扮演遊戲的互動層面，其內涵包括角色管理、探索與道具系統。

在各類型的遊戲中，角色扮演需要玩家面對複雜問題並思考解決辦法，對於增進批判性思考、調解衝突、在壓力下進行規劃等相當有幫助。當玩家實際扮演一個角色並且經歷其觀點後，不需要內在形象化，問題與其解決辦法將變得清晰。

角色扮演是多數人所喜愛的遊戲模式，同時也是一個發展的機制。它將玩家置於一個人造的世界中，其律法是為了好玩、學習、以及娛樂。當玩這個遊戲時，玩家將學習到各式各樣的知識。透過對互動、角色和情節的詳細設計，玩家可以同時閱讀並扮演一個線性發展的故事、使用象徵與隱喻，或者是在符號、樣式、物件和策略中創造關係、聯想與連結。

一般而言，玩家自遊戲中透過主動參與而獲得樂趣，其方式通常為扮演某種角色。它可以增加學習者的參與並強化其學習動機，因此常常使用在教學遊戲上。而遊戲角色也能幫助玩家瞭解他想達成什麼目標，以及他該遵循什麼規定來進行遊戲。因此，定義玩家的角色是遊戲設計重要的部分。

第二節　遊戲製作流程

設計者需先整體思考概略的遊戲樣式與成品，然後擬出基本製作流程。不同的遊戲會有些許不同的程序，但大致上不外乎幾個基本步驟。可參考範例《小貓》之遊戲設計與製作歷程圖。

- **遊戲主題與背景**：確定遊戲類型。《小貓》是以角色扮演作為呈現，玩家可以透過互動進行故事；針對南臺灣的抗日路線，建置角色扮演遊戲腳本。

- **遊戲地圖建置**：藉由遊戲地圖的設定，定位遊戲環境、情境、場景與背景故事。

- **關卡與任務**：建構遊戲關卡歷程與結構，各關卡中設定一至三個任務，進而撰寫腳本與對話。

- **角色與物品能力設計**：為遊戲設定主角、配角與相關角色，決定其特質與能力；對各場景情境設定相關物品之能力、動作或參數。

- **遊戲機制與演算法**：決定將使用的遊戲製作工具與遊戲引擎、建置所有3D模組後，則於遊戲引擎中進行遊戲場域的各種設定，包括介面、時間、戰鬥、操作等。

- **遊戲整合**：各關卡間的連接，關卡與角色的互動、對話，使遊戲能夠流暢的進行。接著設定物品道具的能力，確保遊戲內的平衡度；充實遊戲元素，使其具備獨特性。整合各階段所需使用到的美術，並且置入音效，使遊戲體驗更豐富。整合遊戲程序與美術，設定時間、戰鬥、操作介面等遊戲機制，與腳本所設計之關卡和任務。

【範例】《小貓》的製作歷程圖

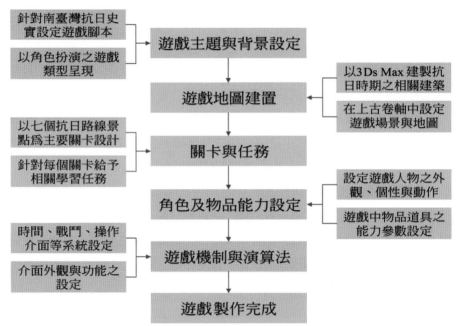

針對南臺灣抗日史實設定遊戲腳本

以角色扮演之遊戲類型呈現

→ 遊戲主題與背景設定

以3Ds Max 建製抗日時期之相關建築

在上古卷軸中設定遊戲場景與地圖

→ 遊戲地圖建置

以七個抗日路線景點為主要關卡設計

針對每個關卡給予相關學習任務

→ 關卡與任務

設定遊戲人物之外觀、個性與動作

遊戲中物品道具之能力參數設定

→ 角色及物品能力設定

時間、戰鬥、操作介面等系統設定

介面外觀與功能之設定

→ 遊戲機制與演算法

遊戲製作完成

遊戲概念

　　在瞭解遊戲製作的整個歷程之後，將進入遊戲開發的步驟。設想遊戲時，需同時考量遊戲的整體性。可以使用Ron Edwards（2001）的GNS理論來檢查遊戲的設計性，確保最後設計出來的遊戲能夠又精采又有趣。GNS即包含遊戲性（Gamism）、敘事性（Narrativism）、模擬性（Simulationism）等三個面向。這些元素並非是好遊戲的必須，但卻能提升遊戲的質感與恆久性。

　　• 遊戲性方面：著重於參與遊戲者之間的競爭歷程。存活率談的是玩家在遊戲中是否容易失敗，關卡不能太難或太簡單，適度的存活率代表了適切

的難度。競賽度指的是玩家之間或是玩家與NPC之間的競爭感，其挑戰比較容易引起玩家的鬥志。遊戲中需置入足夠的互動，包括玩家之間，或是玩家與NPC、介面或物品之間的互動，不然會像看電影，呆坐的時間太多而失去趣味。最後是人性，有如電影《飢餓遊戲》裡，描述主角需在情境中跟對手競賽，但競爭的過程中卻同時也引起憐憫心、同情心與道德掙扎的情緒，即是人性的置入。

‧ **敘事性方面**：是從創意、角色扮演或標誌性的故事主軸而來。其中包括文學性，讓故事具備文學敘事的意象與深度，談人文或生命觀點，而非僅是生活化、較表面膚淺的角色對話。社會性是指遊戲故事本身引導玩家進入社會群體層次的情境，而非獨自闖關、打鬥、或單純技能或益智而已。價值觀乃是依存於不同社會文化所存在的生命觀點，對於事物之間的優先處理順序與輕重緩合，是故事情節與任務中可以讓玩家取捨的成分。最後是存在感，讓角色參與遊戲故事的發展，因此能有參與感與存在價值而想繼續玩下去。

‧ **模擬性方面**：在於關心遊戲世界的內在邏輯是否合理，探索遊戲世界時與自身經驗是否一致。情境、角色等，關注是否合乎我們真實世界的描述，又或是像《納尼亞傳奇》和《阿凡達》一樣，是科幻世界。系統，則是指遊戲世界的自然物理現象為何，例如：日昇日落是否跟地球一樣的時間、食物放久是否會腐爛、世界是否存有地心引力；《哈利波特》的魔幻世界即有它自身的世界系統。設定，則是人為社會的規則、規範，例如：殺人是否犯法、做壞事是否會失去NPC對你的好感度等。

遊戲性 （Gamism）		敘事性 （Narrativism）		模擬性 （Simulationism）	
◆著重於參與遊戲者之間的競爭歷程來呈現		◆以來自創意、角色扮演、或一個標誌性的故事主軸		◆關心遊戲世界的內在邏輯合理性和探索遊戲世界時與自身經驗一致性	
存活率	競賽度	文學性	價值觀	角色	系統
互動	人性	社會性	存在感	設定	情境

以這些概念來設定整體遊戲樣貌，則較能夠準確的進行接下來對於場景、人物角色、關卡腳本的設計。

遊戲故事結構

在故事架構上，仍然講求故事的起承轉合。故事的大架構與關卡相互依存；設計者由大設計到小，先決定大範圍的遊戲結構，後面再書寫較為精細的腳本。

《小貓》數位遊戲的初步關卡設計共分布在七個地點。遊戲以乾隆臺灣輿圖之萬丹地圖作為遊戲腳本的關卡依據，以呈現當時的國情與史景。依劇情內容，規劃設計人物角色共20名，包括閩南人、客家人、原住民與日本人之男女老少、義勇軍、軍官、士兵等角色。地理場景共七處，為七個關卡地點。依臺灣南部抗日史實順序編寫遊戲腳本共七個段落，以作為各關卡中的故事情節。七個關卡依抗日路線為：萬丹→東港→五溝水→阿猴城→潮州→加禮山→後壁林。

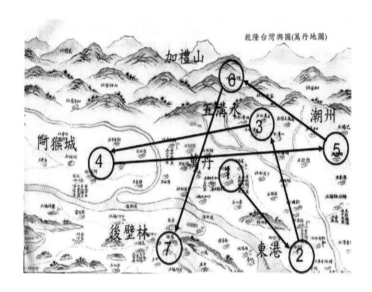

乾隆台灣輿圖(萬丹地圖)

　　有了基礎關卡與人物設定，接著發展劇情內容與腳本。剛開始不要野心太大，先羅列關卡簡表，將各關卡的主要故事線以一句話寫出來。

【範例】《小貓》的內容設計

關卡	內容	學習內涵分析
第一關 萬丹家鄉	主角在家鄉附近的媽祖廟前學練宋江陣頭，從此開啓了主角立志保護臺灣人民的歷程。	1-3-2瞭解各地風俗民情的形成背景、傳統的節令、禮俗的意義及其在生活中的重要性。 2-3-2探討臺灣文化的淵源，並欣賞其內涵。 4-3-2認識人類社會中的主要宗教。
第二關 東港愛與恨	東港爲主角與女主角初遇之處，此處也爲之後主角與日軍抗戰之原因做了鋪陳。	

由於《小貓》定義為「學習型遊戲」，或是俗稱為「嚴肅遊戲」，在內容的編寫上需搭配正式教育體制，規劃與安排遊戲內容。因此從學習的角度看，所設計之關卡內容，整合系統的史地資料項目，搭配九年一貫之社會科相關單元來呈現故事。

　　而相關學習單元包含了國小三年級至國中一年級之社會科史地課程內容。例如：有家鄉風情畫、地名故事多、生活的場所、生活的安排、自然環境、環境與生活、臺灣之發展歷程、臺灣之人文環境與區域發展等多項課程單元。各關卡間以動畫敘述連結，遊戲者可順著故事情節依序前進，或藉由地圖進行關卡的跳躍。各關卡並依據國中小社會科之能力指標與單元內容，進行內涵的分析陳述。遊戲中故事情節以及相關學習內涵分析，簡述如下。

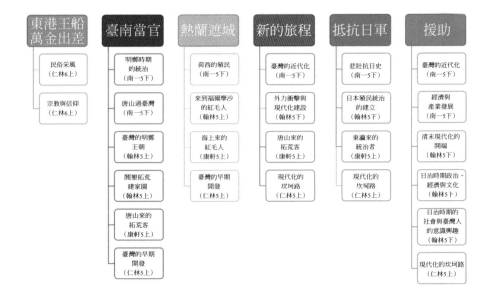

確認關卡結構後，進行資料蒐集。以《小貓》而言，需蒐集高雄與屏東各地的相關人文地理資料，從圖書館、網路、參考書、甚至實地訪察，取得並確認相關知識。內容類別可包括新聞、照片、文件等。接著組織資訊，彙整並數位化這些資料，分析後找出資料之間的相關性，以建立關聯索引，成為概念性知識地圖。這樣的資訊整合結果，可讓後續設計步驟更為順暢。

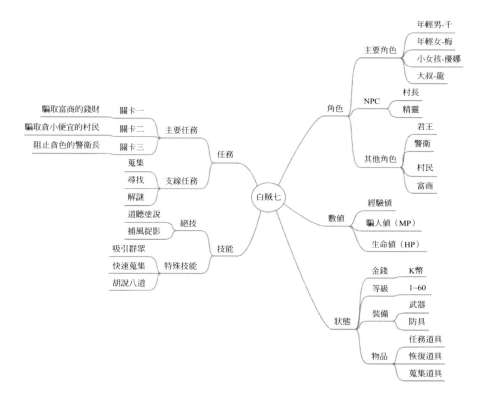

　　《小貓》一開始是個長版的史詩級遊戲，內容過多，導致單次遊玩的時間過長。由於遊戲設計目標為學習導向，希望可以搭配社會課程進行，後來決定將遊戲切分成單元模式。有如電影改編成電視單元劇一樣，每個單元控制於半小時左右的長度。單元之間設計人物與故事的重疊或交錯，讓單元劇編織成網狀的完整故事發展。

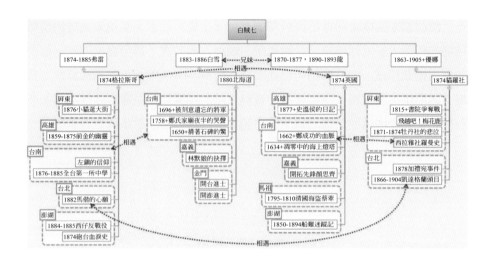

為讓故事交錯，因此在單元式的故事關卡敘事上，即安排主線任務與支線任務，透過遊戲角色的互動對話選項，引導玩家進入不同的故事情節中。如此，不僅每個玩家所經歷的故事歷程不同，每一次遊戲的故事角度與感受亦不同，能夠讓遊戲更耐玩，並充滿變化。

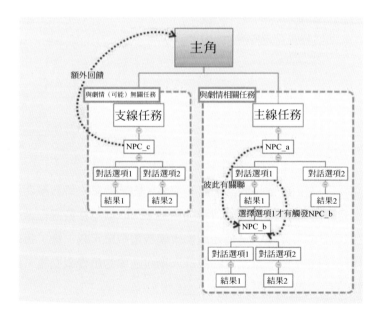

確定遊戲關卡主題後，再將各關卡玩家需執行的任務條列。此處，為了控制各關卡的長度與難度，任務儘量規劃在三項上下。每關均設計該有的片頭尾，幫助玩家承先啓後，快速進入遊戲的情境中。三項任務的規律，不僅能夠讓玩家在心理層面上感覺對於遊戲有基礎的掌控，對於遊戲製作的分工與進程也較能管控。當然，若要製造故事情節的高潮迭起，適度的變化仍然是允許且必要的。

下圖為《小貓》的其中一個單元的規劃稿與形式，提供設計參考。

地點	任務	內容	文化涵義
關卡開頭：鄉下百步一廟，十日一祭，諸般賽會讓猴師忙得分不開身，因此指派陳圓領著小貓陣頭，前往東港王爺廟（東隆宮）參加三年一次的王船祭			
東港	探索東港	引領陣頭兄弟前往到王爺廟	認識東港早期的發展概況、地理相關位置與人文特性
東港	王船祭	幫忙王船祭的進行	瞭解王船祭的源由、迎王船祭典的程序與王船製作
東港	陣頭火拚	因有人誤觸陣頭禁忌，來引發雙方人馬對打，打倒對方帶頭的大漢	認識宋江陣陣頭的禁忌
東港	野村之戰	和野村進行對戰，但會戰敗	瞭解日本劍道招式的姿勢與應用方式
關卡過場：陳圓在過程中殺死大漢後逃逸，小貓被抓去頂罪，由阿會（Hana）偷偷向高官施壓，才得以被無罪釋放，但小貓卻一頭霧水，渾不知為何被釋放			
關卡結尾：回到萬丹，小貓聽取林社對陳圓一事感到惋惜後，並到阿猴城接受猴師的考驗，學習宋江陳的天罡招式			

接著，書寫遊戲對話腳本。腳本的寫法類似電視電影的拍攝腳本，亦需標註時間、地點與相關情節和動作。RPGs遊戲劇本與影視劇本的主要差異

是，玩家為第一人稱參與了故事發展，直接與劇情中的人物對話，並且可以主導故事的發展方向。以下範例為直線式對話樣式，若製作互動式對話，則於對話中加入A、B、C、D等選項，並且讓各選項導向不同的對話段落去，用跳接的方式進行。在此則不一一呈現。

 【範例】《小貓》腳本樣式

關卡二：熱蘭遮城

關卡開頭：小貓剛在臺南上任不久，四處訪查當地民情，來到赤崁樓
　　　　　　時，入口傳來了一聲老人的嘆息聲……

（前往赤崁樓）

奇怪的老人：唉……

奇怪的老人：（駝著背，望著手上拿著的盒子）

小貓：（打量著老人，看到老人面露難色）

王民祖：那老人在那不知道做什麼？

小貓：看起來他好像需要幫忙，我小貓可是濟弱扶貧、見義勇為的漢
　　　子！

奇怪的老人：開這盒子的東西不見了，該怎麼辦才好……

小貓：什麼事情？交給我來辦！

奇怪的老人：之前住在熱蘭遮城附近，最近來了幾個紅頭髮、白皮膚的
　　　　　　人，他們搶走了我的房子，我只好跑來臺南城。

小貓：有這種事情！看我為民除害。

奇怪的老人：唉……

小貓：怎麼？不相信我？放一百個心，林杯說到做到！

奇怪的老人：剛不小心在赤崁樓裡面跌倒，開這盒子的八顆珠子不知道
　　　　　　跑哪去了。

小貓：小事一件，民祖！我們一起去赤崁樓內找找。

（撿到第一顆珠子時）〔撿珠子並不需按照順序，而是依玩家的遊玩歷程與進度取得。〕

王民祖：小貓大仔，你看！

小貓：看什麼，不就是顆珠子。

王民祖：珠子上面好像有寫字。

小貓：我怎沒看到。

小貓：（才不要讓人家知道，我認識的字沒幾個。）

（珠子1：福爾摩沙）

王民祖：寫著「福爾摩沙」。

小貓：服什麼沙？

王民祖：聽說是當時葡萄牙人的讚嘆之語，意思是「美麗之島」。

小貓：臺灣真正水！趕緊來去找剩下的珠子。

（珠子2：發展農業、引進牛隻）

王民祖：這顆上面寫著「發展農業、引進牛隻」。

小貓：牛？豬？萬丹那四處都是啊！有什麼好稀奇。

王民祖：臺灣牛可有分水牛和黃牛，黃牛是荷蘭人引進來耕作、拉車。

小貓：有牛幫忙，那哪來這麼多人種田啊？

王民祖：所以荷蘭人大量引進漢人移民來台幫忙開墾土地，種植甘蔗、
　　　　稻米。

小貓：原來是這樣⋯⋯

（續）

　　搭配遊戲的故事情節鋪設，將腳本匯入遊戲引擎，如下圖。當角色之間進行對話，在遊戲引擎裡則由右下角的腳本匯入成為左半邊的遊戲引擎中程式導向的腳本，產生對話模組，呈現為右上角的遊戲中對話樣式。

《Level1_Wandan_2》

0. 漏太的爹：小貓，你回來萬丹啦！
1. 玩家（小貓）：我想跟你打聽我阿兄陳圓的身世。
2. 漏太的爹：跟你講是可以啦，不要跟別人說是我說的。
3. 玩家（小貓）：放心啦，我絕對不會說出去的。
4. 漏太的爹：據說金秀才和他家的小婢一次就中獎，十個月過後，小婢生下陳圓，抱孩子回金家要金秀才負責。
5. 玩家（小貓）：恩，然後呢⋯
6. 漏太的爹：這個金秀才為免生事，當時又正好結識趙金山，只要小婢棄養小孩，佯裝這事從沒有發生過，就將她介紹給趙金山。
7. 玩家（小貓）：這個金秀才也太過分了吧！！
8. 漏太的爹：我只能跟你說這麼多了。

遊戲機制

在遊戲機制裡，需考量關卡、密室、解題、對話、取任務、打怪、蒐集寶藏或能量、培養等的組合。在數位遊戲中，大多呈現的方式即是關卡與任務，其中科幻型的遊戲會放入打怪的元素；接著才是密室逃脫，在密室中置放各種線索，唯有解開這些線索才能開啓房間、逃出。遊戲過程中，會擺放寶藏或能量石，讓遊戲角色可以在過程中增加能量以持續遊戲，並增加遊戲的隨機感與運氣。

更多的遊戲機制，在下一章的桌遊機制裡會有說明。這些遊戲機制的設計與組合概念，可以廣泛並靈活的運用在各類遊戲中。

由於《小貓》的設計是關卡任務型態，所以在遊戲機制上相對單純。主角進入遊戲，從對話中獲得任務，然後在地圖上遊走，隨著故事劇情解除任

務即能過關。但其他類型的遊戲，則有各式各樣的遊戲機制可以選擇，需要考量並設定。

 習題

1. 列舉你想設計的遊戲中，會使用什麼樣的遊戲機制？
2. 試試看，想一個新穎的遊戲題材，然後訂出遊戲對象與對他們可能帶來的意義。

第三節　遊戲建置

　　遊戲規劃完畢後，開始建置遊戲。視需求先選定遊戲引擎，例如：Unity、Unreal、或是RPG Maker等。選擇時，應考慮軟體功能、線上支援與資源、當地支援，以及是否有跨平台需求。3D模型可利用3ds Max或Maya等建模軟體製作。建築部分，依實際建築照片為貼圖物件建模，使學習者可以有真實情境般的體驗。人物、服裝、物件的建置，則利用Photoshop繪製，再搭配3D建模匯入遊戲引擎使用。角色人物的設定，按照各角色的個性會和學習者有不同的互動，並且為角色們設計動作和遊戲內的動畫，並設計符合遊戲故事的動作與行為。接著在遊戲引擎上設定遊戲場景，使其具備互動功能與活躍的遊戲世界。以下，再針對每一個環節加以說明。

　　在《小貓》遊戲製作過程中，我們運用遊戲引擎所擁有之特色與功能來建置遊戲場景。首先將整個遊戲世界比照現實地圖配置地形等高線，並依照等高線與地形土壤繪入植被。由於《小貓》是講述南臺灣的故事，因此選擇樹木需要注意品種與地域性。所謂植物的地域性是指海邊的植被不要種到山上，或是高山的樹木不要種到平地去。

之後根據遊戲腳本所設定之七個關卡規劃城鎮，其中包括道路規劃、城市規劃與建築建置。在《小貓》中由於是模擬一百多年前的臺灣，所以先選取各城鎮的主要地標，例如：廟宇、車站等不會變遷的地區，配合Google Map的主要道路路線與走向，規劃出該城鎮的基本樣貌。

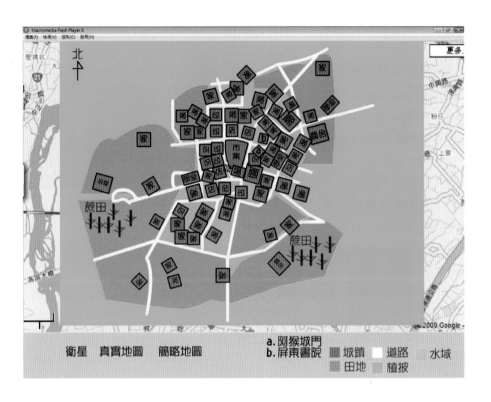

場景中，交叉對照腳本的設計配置場景中的物件位置，思考人物與家具等要如何擺放，才能讓故事能夠順暢進行。

客家庄-五溝水

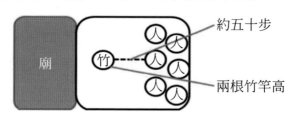

- 廟庭前舉辦「攻炮城」祭典
- 「攻炮城」祭典的用具
  - 一根長長的竹竿
  - 裝滿鞭炮的竹籃
- 蔗園、水田
- 周邊有小河圍繞
- 村中大多是傳統的磚砌三合院、四合院建築
- 西面入口樹木叢雜，只有一條單人通行的小路

　　接下來，設定遊戲中之時間系統、戰鬥系統、支援補給系統、遊戲介面與操作系統、介面外觀與功能，並採用遊戲引擎所提供的人物AT編輯做互動設定，依照玩家與遊戲人物之對話或行為而產生回饋。這部分大多牽涉遊戲引擎的功能設定，熟練軟體的操作與應用，可以充實遊戲的整體感，並增加互動。

　　撰寫腳本時，人物性格要能展現出來；當然也能設定系統，讓人物遇見突發事件，並作出符合性格的反應。主線劇情利用特定條件發動，必要時也必須讓遊戲角色與NPC互動。互動的方法也會因人而異，因此，遊戲本身允許更多元的玩法與新奇的體驗。此外，讀取遊戲時，畫面可加入其他內容敘述，讓玩家對於場景或故事的前因後果能夠瞭解更多。在學習型的遊戲上，則可以加入學習內容，例如：鎮海宮的由來或是宋江陣的起源等，讓玩家在等待讀取時也可進行小片段的學習。

情境設計

　　在《小貓》中，針對主要地標放入建築物。為了要追求真實感，設計者需要實地走訪景點，對環境與建築拍照記錄。如果現今已不存在的景物，則蒐集歷史照片來補充。蒐集實地紀錄時，要包括日常景色、樓房風格、廟宇建築和景物裝飾等。若無法蒐集到完整而有效的照片，便依照歷史的考察資料來揣摩、設計，使數位環境與內容更豐富，也更貼切地表現出日治時期的情境。

　　然後，完全以現實建築作為設計範本，使用3ds Max等建模軟體進行塑模貼圖，儘量讓其模型與實際建築一樣，讓玩家可以獲得與真實情境相符合的體驗，真正達到身歷其境的感受。

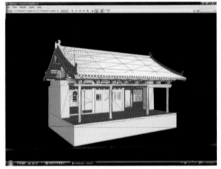

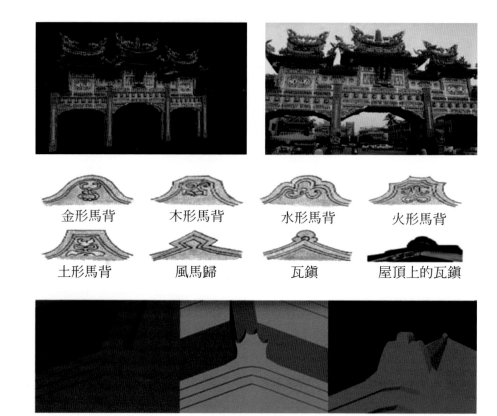

金形馬背　　　　木形馬背　　　　水形馬背　　　　火形馬背

土形馬背　　　　風馬歸　　　　瓦鎮　　　　屋頂上的瓦鎮

　　美工製作方面，因為不是全部的物件都有歷史資料，所以為了迎合那個時代的感覺，需要利用一些美術設計來補強，一切以不跳脫當時年代的感覺為出發點。以下為《小貓》遊戲中所呈現的南臺灣歷史景點，包括孔廟、赤崁樓、砲台、億載金城等。

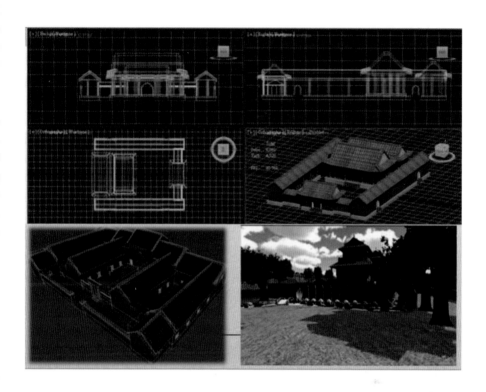

二沙灣砲台（海門天險）

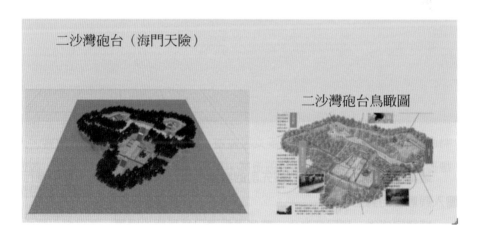

二沙灣砲台鳥瞰圖

串連起來。有些角色是相對存在的，有些角色是用來襯托另一個角色，例如：配角。簡單來說就是在主角之外還有親人、朋友、仇人等的關係。當相互關係建立出來時，故事的發展將會更加地生動，表現出故事的高潮迭起。

在《小貓》中，用概念圖釐清了所有相關人物的關聯性，在關係線條上標註兩者相互之間的關係，例如：夫妻、父子、君臣等。由於數位遊戲不像小說可以不限篇幅的描繪，只能挑些重點人物或重點關係。利用這樣的角色關係圖，可以幫助遊戲設計者選擇遊戲中所要置放的人物與關卡位置，然後書寫腳本。

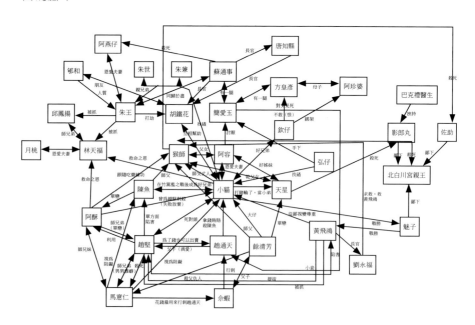

對於真實人物的部分，通常會採用歷史人物的照片去加以改編設計，如此一來會比較貼近史實。對於虛構的人物部分，會根據《臺灣史地故事》中對人物的個性描述、故事情節裡表現的行為，再融入當時人們的穿著服飾及生活型態之後，設計出符合該年代的人物樣貌，以致能達到歷史重現的效果。

在《小貓》中，則依據故事情節設定角色樣貌，其中幾個角色的設定如下列範例。

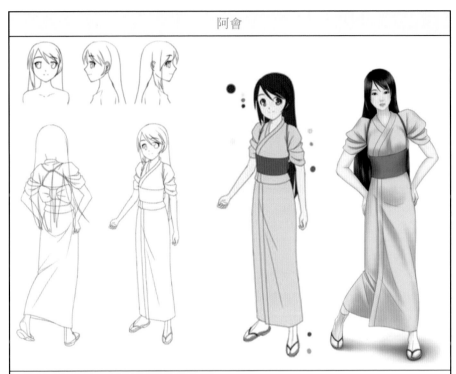

阿會

1862年生（小說中寫大小貓三歲），小說中亦卒於1902年。

身材苗條嬌小，水汪汪的眼睛，皮膚白皙，是個偏蘿系的大美女。

登場時19歲，穿有用束衣帶綁袖子的紅色和服或水色浴衣，白色足袋或襪子，以及木屐。

和服、浴衣、木屐、草鞋等都是統一打扮。

後腰在25歲後有刺青，一個有貓鬚鬚的「小」字被深青色鱸鰻繞著，象徵小貓。

林庄主	猴師	黎神父	
年紀約50歲。 挺著大肚的客家老頭，總是拍著大肚脯笑看人間事，喜歡叫小貓幫忙做事，身懷客家絕學「流民神拳」。 在五溝水一戰中斷了右手，卒於萬金天主堂一戰。 穿著：應該是傳統的客家服裝。 個性：笑口常開、刻薄、精明幹練。	年紀約4、50歲，個性好動、脾氣暴躁、教學嚴歷、獎懲分明。卒於1895年，在曾文溪殺死能久親王後，被日軍所殺。 （小說描述：身材不高，習慣動作是站著時喜歡向前伸出頸子，雙手前垂握拳，像齊天大聖下凡塵。） 天地會的香主會兩套半的天罡。 持有配件有宋江陣圖譜。	年紀約莫50歲，西班牙天主教傳教士。 小說描述：身材比七尺壯漢稍高，目睛青，鼻子有夠凸。又高又瘦、金髮綠眸、蓄長髮，面容和善。 穿著：傳統的神父裝、脫掉衣袍只穿小短褲（拳擊裝）。 個性：和善、樂心助人、喜歡談上帝的愛、行義救苦。 可擺拳擊姿勢（小說描述：右拳在前，左拳在後，上身微曲，雙腳不弓不馬、腳尖微踞。半蹲待敵）。	

　　在角色設計完成後，則可針對角色動作進行設定。以《小貓》為例，由於《小貓》是武俠小說改編成的遊戲，則針對遊戲系統中有武功系統，讓主要角色們進行武功練習。製作時為求角色之動作真實，首先針對腳本中所使

用到的各個武功招式進行文獻上的理解，接著邀請武術教練做動作示範，使用Kinect體感系統進行動作偵測。最後套用到遊戲角色上，則能讓玩家於遊戲系統中演示相當精采且標準的武功招式。

招式	種類	類別	源自	使用者
基本功				
屠戶刀法	地煞	攻	操刀鬼—曹正	林社、小貓
使用方法：雙手執刀使用，小說中被林社用來把方正的五花肉變成團肉泥。				
標槍術	地煞	攻	地飛星—項充	林漏太
使用方法：使用藤牌防守，標槍進行攻擊，可以和地走星作搭配。				
藤牌劍	地煞	攻	地走星—李袞	吳萬興
使用方法：右手持劍攻擊、左手挽藤牌防守，可以和地飛星作搭配。				

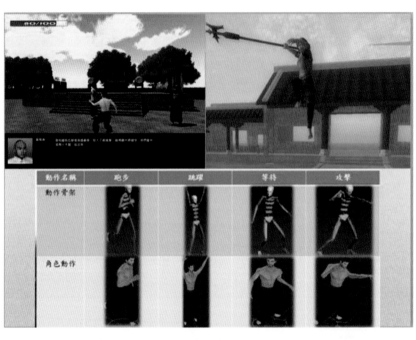

1. 列舉你想設計的遊戲中，主角的英雄特色爲何？
2. 在你想設計的遊戲中，有哪些角色，分別有哪些特殊性格？

第四節　遊戲評估

做完遊戲並不是真的做完了，故事是否符合邏輯？系統與互動是否順暢？情節是否吸引人？是否有達到預期的效果？就好比房子蓋好要經過驗收、產品做好要經過驗證、學習過後要經過考試一樣。這些問題只有透過評估才能得知，不是設計者自認完工即可。

對於數位系統經常使用的方法爲「探測指標評量」，數位遊戲系統一樣適用。其英文爲Heuristic Evaluation，是以探測指標方式，邀請專家進行使用度評量，以提供遊戲改進建議。其中包括質量並重的報告；質的方面強調「敘述性分析」，量的方面則以「標度性分析」爲主。問題的深度與廣度比例依據標度來進行級數上之區分。問題深度方面，共分五級。問題廣度方面，共分三級。檢測完畢後，使用「指標計數單」來統計問題深度與廣度的分布情形。設計者能以功能性、穩定度、介面感、互動性、學習成效評量等五個面向制定相關的指標，提供專家進行評鑑，產出形成性評量報告。設計者則針對專家所偵測到的問題一一修改，直至所有問題排除爲止。這部分，主要以遊戲系統之運行順暢度與使用度爲主。

若是遊戲設計者想要知道玩家在遊戲中進行任務之效率與效果，則可進行「任務評鑑」，其英文爲Task Analysis，主要針對遊戲各關卡的目標與任務進行成果分析。評量時，由觀察員記錄玩家進行遊戲的動態，包括通過各關卡的方式、路徑、速度、困難度，以及觀察遊戲介面或系統是否有影響玩家執行任務之誤導按鈕或故事情境，同時從系統紀錄中萃取出重要的量化數據與質性分析結果，來瞭解玩家使用遊戲系統的歷程與順暢度。

如果所設計的遊戲為學習型或任務型遊戲，則可以進行學習成就的評量。例如：《小貓》遊戲則將相關史地認知與武功技能等做指標羅列或是測驗，作為學習成效之評量工具。

再者，若是想知道玩家之遊戲感受，則可於玩家玩過遊戲之後進行問卷調查，針對平台操作、互動模式、教學影響等面向，進行調查結果統計分析。此方法可輔以學生焦點訪談，就是邀請3至6名學生做小團體的共同訪談，針對問卷結果未能理解之處，訪談學生於遊戲歷程所遇到的困難與建議。此屬於較深層的滿意度調查。

若期望再進一步的分析學習者在玩完遊戲後的各種學習狀態，則各關卡再依據學習之認知（知識、理解、應用、分析、綜合、評鑑）、情意（接受、反應、評價、組織、內化）、技能（知覺作用、心向作用、引導反應、機械反應、複雜反應、技能調適、創作表現）等領域，進行內涵的分析陳述。學習分析與學術研究部分，則請讀者參考相關著作。

除錯

進行遊戲評估的目的在於瞭解自己的遊戲有哪些優缺點，並且能夠針對問題點進行改善。因此，接下來的階段即是試玩遊戲，評估結果逐項除錯，微調可能導致遊戲不平衡的數值，確保遊戲不會失去挑戰性，直到遊戲歷程完全順暢為止。

 習題

1. 選擇一款你最喜歡的遊戲，畫出它的遊戲關卡與結構。
2. 選擇一場數位遊戲專題展覽，說說它的遊戲特色與創新點。
3. 找一則發生在你身邊的地方故事，改編為遊戲情境與腳本。

致謝

　　本章數位遊戲《小貓》的製作歷時約六年，由科技部專題研究計畫補助開發。前後參與計畫的研究團隊包括曾家俊、王彥人、鄭舜謙、王蕙涵、陳建名、王昱廷等，同時產出數篇研究論文與碩士論文；另外尚有幾位曾經參與過研究計畫與畢業專題製作的大專生們，一併感謝！眾多學術成果與著作，不在此一一列舉。

參考文獻

Edwards, R. (2001). *GNS and other matters of roleplaying theory.* Retrieved from http://www.indie-rpgs.com/articles/1/.

4 桌上遊戲

施如齡

　　要設計一款桌遊相當的簡單，要設計一款好的桌遊卻相當的困難。無論簡單或困難，都首先要恭喜各位已經成了一名桌遊設計師。一個起心動念，並且付諸行動去瞭解與嘗試的人，就能夠稱為一個桌遊設計師了。同理，要成為一個桌遊設計師很簡單，但要成為一個好的桌遊設計師卻沒有那麼容易。一個好的桌遊設計師最重要的特質，並不是知識或技術，而是能夠不斷的反思、提問、學習。反之，安於現狀，覺得自己設計的已經夠好了，急著完工、發表、上架，通常無法讓遊戲之路走得長遠。除了遊戲的評價會反饋至設計師的名譽，玩家對於設計師的信任，也在每一款所發表的遊戲中獲得或失去。因此，這一章的首要目標在於提供桌遊設計的心法而非技法，藉以引導桌遊設計師反思的節點與方向。

　　至於桌遊完成後的印製與販售，則需要與印刷廠和出版商進行大量的溝通才能完成。這部分包括紙質的選擇、物件的製作、包裝的設計、說明書的撰寫等，然後再反饋到遊戲的部分內容與美工設計可能造成的改變。這即是另一個經營與推廣的循環。

　　市面上的桌遊不下萬種，各有不同目的、性質、功能、內容、機制、玩法、趣味；要通論一個桌遊製作的方法或技巧，幾乎是不可能的任務。然而在設計桌遊時，卻又有共通的思考點，包括如何起始？如何環環相扣？如何在每一個環節使用適合的機制？如何吸引玩家重複遊玩？如何讓玩家在遊戲中有所

身心靈的成長？……

　　因此，設計桌遊與設計數位遊戲有很大的不同。桌遊設計環節並非直線型、流程性的步驟，而是各環節同時進行、互相影響、相輔相成。設計時會感覺牽一髮而動全身，改了一個點就需要改很多其他的點；過程中需要不斷地同步檢視各個面向，要面面俱到的思考，有時做些許的調整，有時改變整個遊戲機制與策略。設計即是試玩，不斷地在遊戲內容、物件、參數之間測試與整合，直到達到遊戲平衡狀態。為此，在本章的教材中，著重在遊戲設計的多元介紹，以及各環節與面向的思考細節，而非歷程性的步驟說明。

第一節　桌遊的分類與介紹

　　桌遊，原名桌上遊戲，英文為Tabletop game或Table game；如果它是有版圖的桌遊，則又稱為版圖遊戲，英文為Board game。大家對它應該既不陌生又不熟悉。大富翁、撲克牌都聽過玩過，其實就是最早期、原始的桌遊；卻又好像對別人口中所說的桌遊感覺很陌生，不知道究竟怎麼玩、能做什麼、會有什麼感覺。因此，如何界定並定義桌遊，是本章要釐清的第一個概念。

　　桌遊的發展歷史相當悠久，可以說從有人類文明以來就開始有桌上遊戲的出現。它可以在桌面上或是任何平面上遊玩，最大的特色在於不需要插電或是使用任何科技載具便可進行遊戲。桌遊的遊戲種類和玩法被分為許多形式，在全世界知名的桌上遊戲論壇Boardgamegeek，又稱BBG（http://boardgamegeek.com/），又或者是相關的報導與文獻，都能看到桌遊玩家依據不同遊戲的機制與特徵，有各式各樣的分類方法，例如：抽象遊戲（Abstract Games）、兒童遊戲（Children's Games）、集換式卡牌遊戲（Customizable Card Games）、家庭遊戲（Family Games）、派對遊戲（Party Games）、策略遊戲（Strategy Games）、主題遊戲（Thematic Games）、戰爭遊戲（War Games）、嚴肅遊戲（Serious Games）等，不勝

枚舉。

　　每一款桌遊大多能被歸類到上述分類的一至兩類中，而沒有一款遊戲適用於所有情況。換句話說，某些遊戲會具備跨類型的特色，使用某些不同類型遊戲的機制或玩法；但橫跨過多類型或加入過多遊戲機制時，桌遊會產生某些不平衡的狀態，讓遊戲無法順利進行。平衡議題後續再詳加說明。

　　在起心動念要設計桌遊時，一定會有個目標想法。這個想法能夠帶領你在遨遊桌遊大海時有個方向性，不至於產生迷惘。例如：「我想透過遊戲表達臺灣原住民的文化」、「我想讓玩家透過遊戲能夠產生同理心」、「我想設計一個讓5歲以下孩子也能夠開展創造力的遊戲」、「我想創造一個讓人百玩不厭的休閒遊戲」、「我想透過遊戲創造玩家的社群連結」、或是「我想設計一個在課堂上可以讓學生進行學習的遊戲」。即便這些想法還不精煉或純熟，但這個想法基本上已經能夠帶領你朝向某個遊戲類型前進，不會大海撈針、無所適從。

　　接著，在動手設計遊戲之前，最重要的工作就是大量玩各式各樣的遊戲。如果遊戲設計的方向與目標還不夠明確，那麼就把一些市面上經常聽到、耳熟能詳的遊戲先玩過一遍。不要排斥或挑選某些遊戲，多方的感受遊戲的歷程以及感覺。有些會比較有趣、有些會有比較多人際之間的互動、有些會比較燒腦、有些需要耍嘴皮子。同一個遊戲可以多玩兩次，因為通常在玩第一次的時候大多是在摸熟遊戲規則，第二次才能夠享受這款遊戲的真正玩興。如果有機會玩第三遍以上，可以刻意地突破自己的框架、用搗亂的心態、甚至用破壞遊戲規則的方式去玩它，則能發現遊戲中的不同玩法與樂趣，過程中也能夠更為明白遊戲機制可能的缺陷，或是會被玩家用什麼樣的方式破壞。這個過程，除了體驗、多元探索，就是讓自己更明瞭在設計過程中需要避免的設計，或是需要注重除錯的地方。

　　如果遊戲設計的方向與目標明確，那麼能夠更有針對性地挑選相關的遊戲去嘗試。例如：我之前想要設計大航海的策略遊戲，就把《海上絲路》（Merchants）、《海霸》（King of Pirates）、《奮進號》（Endeavor）、

《黑船來襲》（Black Fleet）等都先熟玩過一遍，再把相關策略型版圖遊戲如《和諧羅馬》（Concordia）、《電力公司》（Power Grid）、《七大奇蹟》（Seven Wonders）、《石器時代》（Stone Age）等數十款遊戲熟悉。過程中瞭解不同的主題可能有多少不同的呈現方法，而策略遊戲又有哪些遊戲機制是適合自己的設計、又可行的。依此類推，設計師可以有目標的進行桌遊探索，能夠幫助遊戲設計的思考節奏。

設計師們可以快速的衡量看看，哪個類型的桌遊與當下期望的設計相關。透過網站查詢，或是請達人推薦幾款較容易起手的桌遊，都可獲得體驗的經驗、操作上專業的解說或設計時的注意事項。舉幾個例子：

兒童遊戲（Children's Games），顧名思義是設計給小孩子的遊戲，一般適合4歲或以上的小童都適合遊玩。兒童遊戲以積木類、拼圖類及認圖類為主，小部分為猜謎或益智遊戲，另一小部分為扮演遊戲。兒童遊戲的配件大多為可愛型，遊戲規則簡單，適合小朋友與同儕互動、開發智力。此類遊戲經常與家庭遊戲或是聚會遊戲重疊，因為它們往往會傾向親子同樂，營造歡樂氣氛。一些兒童遊戲的可玩性甚至超越其他類型的遊戲，使設計精美的兒童遊戲更具珍藏價值。經典的遊戲例子包括《翻滾路易》、《咕魯歷險記》、《德國心臟病》、《沉睡皇后》等。

而延伸於兒童遊戲的，還有教學型遊戲，或稱Learning Games。教師們運用各種教學理論與方法，將教學內容置入遊戲機制中，透過版圖、卡牌與物件等的各種組合，透過遊戲樂趣來讓學生們主動的進行學科知識的練習。在桌遊領域中，部分稱為「嚴肅遊戲」（Serious Games），目標在於透過遊戲讓玩家體悟現實生活中的嚴肅議題，包括戰爭、侵略、奴隸、移民、飢荒、環保、能源危機等；遊戲機制通常會讓玩家在面對事件的自然反應中看見社會情境產生的因果關係，而只能透過有意識的行動，才能避免或阻止危機情況產生。荷蘭近年來由水利顧問與政策專家所共同設計的治水遊戲《Sustainable Delta Game》，也是一個很好的範例。

家庭遊戲（Family Games）通常適合一家老小共同參與，享受樂趣和互

動。這類遊戲的特點是規則相對單純，策略度和競爭性不是很高，鮮少有爾虞我詐的成分，玩家不需要進行太複雜的計算或反覆評估。而且其美術設計偏向清新簡潔，不會出現特別血腥暴力或複雜黑暗的圖像和場景。經典遊戲代表包括《七大奇蹟》、《石器時代》、《超級犀牛》、《拉密》、《從前從前》、《故事骰》、《馬尼拉》等。

派對遊戲（Party Games）相較於其他類型的桌遊，最大的特點就是參與的玩家人數多、彈性大，適用於各種聚會場合。此類遊戲與家庭遊戲一樣，規則比較單純，策略性不高，具有很強的互動性。但與家庭遊戲不同的地方是，在聚會遊戲中，欺騙和血腥是很常見的。例如我們常聽見的《天黑請閉眼》，也被改編為《狼人殺》等，就是綜合猜謎、欺騙、警匪、心機、策略等元素的遊戲，不僅燒腦，還能與人有緊密的互動。更由於每次玩家的角色都不同，一起遊玩的夥伴與反應不同，因此能夠趣味橫生、百玩不膩，極具吸引力。其他經典遊戲例子包括《層層疊》、《三國殺》、《Dixit妙語說書人》、《德國心臟病》、《豬朋狗友》、《送禮高手》、《矮人礦坑》、《閃靈快手》等。

策略遊戲（Strategy Games）相對地需要玩家投入較多的思考，機制普遍比較完善，幾乎沒有大漏洞。這類遊戲在遊玩的過程中較為沉悶，因為大多在腦中思索如何可以贏得勝利，且不會透露給其他玩家知道。玩家在遊戲規則的範圍內，可以盡情發揮自己的智慧和策略，獲勝後亦能獲得較大的滿足感和快感。這是核心桌遊玩家們比較喜歡的一種類型，相對地，其複雜的機制卻令很多新手玩家卻步。其實這一類的桌遊規則不一定艱深，但遊戲過程中往往伴隨著大量的數學計算與心理算計，玩家需要關注相當多的細節，想要在策略遊戲中獲勝，玩家需要深入研究各種策略，透過觀察夥伴與對手的遊戲技巧，產生自己的遊戲策略、突破困境。經典遊戲例子包括《瘟疫危機》、《卡坦島》、《推倒提基》、《卡卡頌》、《富饒之城》、《我是大老闆》等。

到這裡，如果還無法決定細節，設計師可以先決定想做合作遊戲還是競

爭遊戲、個人還是團隊、組隊還是分派。有了基本種類，才在接下來的歷程中進行調整。

第二節　設計歷程

由於桌遊的類型與樣式千變萬化，而且沒有哪一種好過於另一種，因此並沒有一定的步驟或準則。很多設計的成功靠的是經驗與試誤。在此，我們把所有可能會使用到的面向都說一遍，提供讀者參考選用。

背景設計

前面說了，桌遊設計並非直線型、流程性的步驟，而是各環節同時進行、互相影響、相輔相成。設計時，會感覺牽一髮而動全身。設計桌遊，跟前一章數位遊戲一樣，不僅要講求遊戲機制的完善與遊戲的趣味，滿重要的是遊戲的前述背景，也就是隱藏的敘事性。設計時，讓遊戲有個故事背景，有情境與角色的設定，能夠讓遊戲的沉浸度提升，遊戲的重玩性也會同時增加。那是因為當玩家在故事情境中有內在心裡的角色扮演，在潛意識裡會產生隱藏的目的。也因此，玩家就會有「這場遊戲的結果不如我預期能夠做到的好」的感覺，未能達到所努力的理想值，於是想再玩一遍，挑戰更好的結果。

設計故事情境時，同時會出現的是角色扮演機制。角色扮演型的遊戲，例如：《狼人殺》、《風聲》等，讓玩家在遊戲的一開始即抽取要扮演的角色、黨派與隊伍，連版圖或卡牌都不需要，沒有所謂的難度設定，只有角色功能設定。其遊戲機制即為人際互動與心機；也是許多家庭聚會與青少年派對的流行遊戲。

在這一章中，我們以《香料航道》來說明桌遊的設計概念。它是一款策略性桌遊，有如前一章的《小貓》是一款相對比較複雜的桌遊。在此闡述

設計時的各面向思考歷程，提供桌遊設計師們參考。《香料航道》以大航海時代為背景，將歷史結合地理知識內容，玩家在遊戲中角色扮演大航海時代之歐洲四強國——英國、荷蘭、西班牙、葡萄牙，進行香料貿易與戰爭的過程。

版圖設計

　　有的桌遊會使用版圖，玩家圍繞在一片大版圖前，例如：《大富翁》；或是各自都有一片小版圖，例如：《七大奇蹟》。版圖上的設計完全視需求而定；畫風與樣式是完全開放與自由的，端看設計師的創意與美工而定。當然，版圖的整體設計感能夠配合遊戲情境的設定，是最好的。例如：《K2》是款爬山的桌遊，過程中玩家需要配置人力、物力，選擇路線與前進的速度，依據每一回合會變化的天氣指數而增減能量；因此，它的版圖即是一座高山，畫著上山路線，標示著不同高度與能量需求的數值。愈往高處，版圖的圖像標示愈寒冷，每個階段所需扣除的玩家能量就愈多。因此，版圖的設計就符合遊戲背景與機制。又例如：《奮進號》是航海與區域分配的地圖，畫風即偏向中古世紀感；《石器時代》則是森林採木挖礦的風格。

　　大眾對於版圖遊戲的初始印象是《大富翁》，它已是家喻戶曉、耳熟能詳的桌遊，因此新手設計師經常很自然地傾向設計出類似的遊戲。《大富翁》的遊戲機制是讓許多不同的玩家以擲骰子前進，購地建屋獲利，過程中以機會與命運等突發事件的型態來改變部分的玩家資產數值。這款遊戲的運氣成分居多，如果期望玩家運用思考與策略判斷來掌握遊戲過程和進展，結果會是與目標完全相反的。若想要在設計時突破慣性思考的框架，即要不斷地問自己，現在這樣的設計想法是否又跟過往一樣。版圖設計時，可以思考要讓玩家藉著版圖上的框格前進，還是在有限範圍內占領地域，或是開放版圖讓各玩家獲取資源等。這樣的設計，也就牽引著遊戲機制，在競爭的

過程中，是比賽進度（前進框格）、比賽勢力（領地大小）、還是比賽能量（資源多寡）等。

　　版圖上亦會搭配遊戲機制，制定卡牌或物件擺放與移動的位置，有時會有玩家進度（能量、資源）記錄條，有時會有更多的內容情報標示於上。而這些資訊的配置與擺放，不僅仰賴美工技術，更要考慮使用者介面設計，意思是玩家的使用度。例如：當玩家都圍在一圈進行遊戲時，這個版圖就應該避免面向的問題，因為文字的擺放面向與圖樣的上下若是只能由單一方向觀看，對於其他玩家的使用性而言就降低了許多。因此，地域版圖型的設計，大多採多方向、多視角的設計，甚至直接使用鳥瞰的方向，就沒有了第一人稱或第三人稱視角的問題；不管玩家從哪一邊觀看，都可以輕鬆遊玩。

　　在範例《香料航道》的設計中，是以大航海時代為背景，而且講述的是以英、荷、西、葡為主角，各國繞過非洲航行到亞洲進行貿易的故事。因此，版圖設計則以此範圍的地圖為主，沒有美洲與南北極（如圖1）。地圖上標上格子，以顯示船隻前進之步數計算。在此遊戲中，特別使用泰森多邊形來當格子的底，確保路徑的等距，航行的距離則不會相差太多；另一個好處則是在航行的方向上比方格容易前進，沒有邊與角的問題。當後續想加入更多遊戲機制來增加遊戲變數時，則可以加入氣候與洋流，讓航行船隻因為氣候與洋流關係而增快或減慢速度（如圖2）。

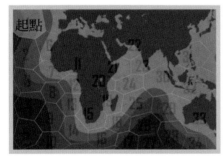

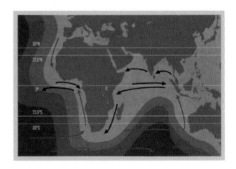

圖1　　　　　　　　　　　　　　圖2

在《香料航道》的設計過程裡，版圖上進一步添加各國殖民地、香料產地等標示，在遊戲中限制各國只能進入自己的殖民地港口，必須透過貿易或戰鬥才能獲取別人的香料。為讓版圖更為容易閱讀、美觀與符合遊戲性，再針對內容進行美術設計，針對文字大小與顏色、圖像樣式與風格、整體需要的機制進行規劃。

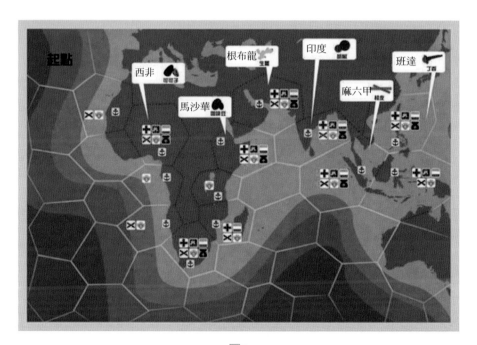

圖3

卡牌設計

遊戲中的卡牌因著功能可區分為許多種：角色卡、故事卡、能量卡、線索卡、道具卡、武器卡、移動卡、事件卡、命運卡等，可以搭配遊戲機制自由設定。卡牌功能能夠複合；為了節省印刷成本、減少桌遊配件的複雜度、增加單一卡牌的玩法與功能，很多桌遊會將許多功能置放在同一張卡牌

上。例如：在角色卡上，右上角可以配置角色能量、左上角可以配置武力值、中間可以畫上專屬道具或武器、下面可以書寫可以引發的事件。又例如：在複合卡上，每張卡牌的右上角標示角色、左上角標示武器、下方可以書寫事件、背面可以標示移動，這樣結合四至六種的功能在其中，依據玩家所執行的功能來觸發特定功能，一張卡牌當作很多功能卡使用。當然，愈是複合式的卡牌，就愈要注意其設計的簡單性；功能的區塊要明顯，可以善加利用顏色來引導功能區塊的辨識。另外，美術線條應避免過於複雜，以提升資訊的易讀性。

《巡寶之旅》是《香料航道》同系列的桌遊遊戲，但除了版圖外，還設計了幾款不同功能的卡牌。《巡寶之旅》以臺灣近海戰爭與貿易為背景，以角色扮演、經歷事件、探索寶物為基本遊戲機制，因此，設計相關船艦能力卡、物件卡、角色卡、以及功能卡等，上面標註相關遊戲中將加減能量的簡要說明。

圖4

物件設計

搭配著卡牌的，會有遊戲物件。通常是各種形狀的小木塊、塑膠、紙張製品，用來代表角色、物品或錢幣。物品與錢幣，依照遊戲機制的複雜度，可以只是透過紙張的記錄來完成，或是製作半擬真的塑膠貨幣或紙幣，如《大富翁》那樣。實體物件的好處是在遊戲過程中增加玩家的視覺知覺，並透過動手拿取與移動物件來增加遊戲體驗。

桌遊物件在市面上已有許多實例，在許多店面或網路商城也有販售相關物件。有些設計師有獨特的設計與想法，則會使用3D列印自製物件，相較於市面大量購買的物件是較為精細、特殊。不過相對地，自製物件不如大量開發的模型，製作成本價格較高、小量、製作耗時也較長。列印材質亦會影響物件站立擺放的穩定度。其他材質或樣式的物件，也是要考量使用時的方式調整，例如：遇到一次集合性的需要，需使用很多物件在同一個區塊，則要考量如何擺放、堆疊、拿取等。

物件的數量，亦搭配遊戲機制與設定的數值，計算出較為剛好的配置數量。一方面有成本考量，另方面則是遊戲平衡的掌握。足夠而不過多，是卡牌與物件數量的掌握要點。

《巡寶之旅》搭配著地圖與卡牌，也設計了物件。自製船隻因應各國船隻能力不同，做成不同大小與體型的船體物件；圖5是尚未美工過的船隻樣子。另外，此款遊戲設計為科技融入的遊戲，自製船隻上面貼有近場感應晶片（Near Fielf Chip，簡稱NFC），以對應地圖上的NFC，驅動手機裡的互動遊戲內容。如果遊戲有要大量生產的規劃，再依據物件模型、選用適當的製造材質，依照難易度調整設計。

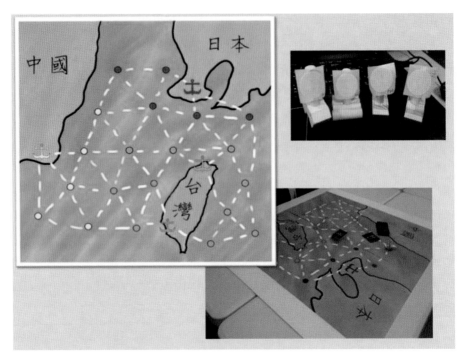

圖5

第三節　遊戲機制

　　桌遊裡的人際互動之所以特別有趣，是因為它讓玩家用新的身分進入一個新的世界，排除現實生活中的包袱，創造新的互動。桌遊機制可以說是驅動一款桌遊如何遊玩、內容產生和規則運作的最大關鍵。如果參考桌遊設計書籍或是網站，即可歸納出幾十種不同的遊戲機制。

　　桌遊規則的選用應該儘量簡單易懂。遊戲機制愈簡單易懂，玩家愈容易上手並進入遊戲情境中。遊戲的親近性高，回遊率也會愈高。但簡單與單調不同；有些遊戲機制單調，雖然容易上手，但也比較容易膩，趣味低。簡單易懂指的是遊戲規則容易理解、掌握，並且在遊戲循環中不需要讓玩家反覆

的詢問或查詢規則細節。因此，桌遊遊戲設計師們不斷地善用遊戲機制，加以融合、改進，發展出更多元、有趣的遊戲體驗，讓機制簡單而不單調。

桌遊中的互動元素可以進一步區分成「人與遊戲的互動」及「人與人的互動」。人與遊戲之間的互動，是依靠遊戲規則來創造與進行，通常是與卡牌及物件互動，體驗動手操作的歷程。人與人的互動比較著重於彼此之間的心理競合策略。雖然人與遊戲之間的互動也會影響玩家之間的競合關係，兩者之間只在於機制的目的性差異，以及相對的比重不同，過程中專注力是擺在遊戲還是人的差異而已；兩者之間還是有許多交集。設計師可以想像《大富翁》與《狼人殺》之間的差異，《大富翁》比較傾向人與遊戲之間的互動，而《狼人殺》則比較傾向人與人之間的互動。

遊戲機制也可以產生自現實中的壓力，在遊戲中轉換成有趣的要素。其中包括以下幾種機制：

• **卡牌選擇（Card Drafting）**：玩家從公用卡牌中輪流選擇手牌。玩家自由選擇卡牌則同時決定他們的遊戲策略。教學型的遊戲可以把相關的學習內容置入牌卡當中，並搭配合適的遊戲機制來進行。

• **牌組搭配（Trick-taking）**：玩家輪流打出一組牌（Trick，可能是一張牌或是一組牌，例如：同花順、葫蘆等），然後達成某種勝利條件的玩家獲勝，常見的《大老二》就是這種機制。運用到桌遊時，便是鬥地主、橋牌等遊戲。除了點數大小，還可以依照花色等遊戲規則設置條件來進行比較。牌組之間可互相搭配，或機動性更換來增加遊戲的策略性，例如：《拉密》、《我是大老闆》。這個機制還有許多變形，例如：《麻將》，是從出牌變成蒐集牌，遊戲目標是將卡牌配置成整套進行蒐集，最先蒐集完成者獲勝；《牌七》，是有順序性的概念知識；《抽鬼牌》，是配對性的概念知識等。

• **牌組構築（Deck / Pool Building）**：遊戲過程中，在原始牌庫加入玩家選擇新增的牌卡或物品，在接下來遊戲中改變牌組的使用效能。例如：A+B+C卡可以發動組合技能、D+E卡可以抵銷F卡功能等。當然也附帶著洗

牌麻煩、收納等問題，但仍十分具有遊戲性。許多其他遊戲沿用機制後，也創造出自己的一番風味。若將知識概念融入牌組後，透過牌組構築，可以訓練學生關於排列組合、出牌順序安排、組織自己牌組的技巧，讓學生對於知識概念更有架構。

- **手牌管理（Hand Management）**：玩家擁有一堆卡牌，用以完成特定目標，而玩家必須善加利用這些卡牌，當作重要資源來驅動遊戲。有些遊戲手牌數量是固定的，必須節約、有效使用；有些則視情況，讓玩家擁有更多的手牌以取得優勢或是反而情勢更糟。透過手牌管理的機制，可以增加遊戲策略層面的元素，學生會思考怎樣的牌組能夠呈現最大優勢，藉機訓練玩家的思考能力。相關遊戲，例如：《Dixit妙語說書人》、《我是大老闆》。

- **擲骰（Dice Rolling）**：遊戲當中有部分或是全部的輸贏結果是利用擲骰來決定的。許多美式遊戲用骰子來顯示冒險中的隨機與運氣成分。桌遊裡面的骰子花樣較多，除了常見的6面骰，還有4面、10面等不同的骰子，甚至骰子各面不是數字而是行動。搭配著遊戲設計，有無限的機率條件可以設定，可能性無窮。遊戲範例，例如：《石器時代》、《馬尼拉》。延伸的用法則是擲骰移動，要求玩家按照擲骰的結果移動。在這種機制下，行動多為隨機行動而非經過策略的行動，整體遊戲是較不需思考的，例如：《石器時代》、《大富翁》。這也考驗著設計師思考如何應用其他策略，給予玩家更好的遊戲體驗。

- **記憶（Memory）**：記憶用於資訊隱藏或者是快速反應的遊戲。除了簡單的翻牌配對遊戲之外，還有許多策略遊戲也依賴著記憶來取得勝利。例如：記得對手的卡牌、資源、能力，甚至記得自己或對手使用過的物品，或是所有成員所擁有的物件等，推算出尚未出現的好康或是預測遊戲接下來會發生的事件可能性。透過記憶機制的融入，可以直接訓練學生對於知識記憶的黏著度。也因為是在遊戲中進行，學生對於知識內容的記憶長度也會比一般背誦的方式來得久。

- **拿取與運送（Pick-up and Deliver）**：遊戲中通常以Token籌碼或物件

的形式呈現，玩家依照遊戲規則實際地將資源在版圖／地圖間移動。主要在模擬「貨物或資源的運送」，同時規劃運送的方式或路線，來達成遊戲的目標。像是獲取資源、占領地盤、移除玩家等遊戲行為，都可以用這個機制來呈現。這類型的遊戲玩起來通常具有相當的擬真感，讓玩家可以感受遊戲裡面的情境。

- **點對點移動（Point to Point Movement）**：點對點移動主要讓玩家控制棋子在各處移動。在遊戲目標下，玩家可以從版圖的某個地方前往另一個地方。這個機制大量運用在戰棋類型的遊戲中，通常是與軍事規劃或路線規劃有關的遊戲，例如：《瘟疫危機》、《馬尼拉》。

- **剪刀石頭布（Rock-Paper-Scissors）**：玩家試圖憑著正確猜出並反制對手的行動來勝過對手。有些遊戲使用卡牌或物件，讓功能或角色能力相輔相剋。在決定誰是起始玩家的時候，也都偏好採用此機制。

- **時間軌（Time Track）**：遊戲透過一條線性的時間軌，推進任務、行動或使玩家行動順序產生變化，算是一種另類的行動點機制。像是模擬某個時代的演進，讓學生透過時間軌瞭解歷史時間的脈動。這種設計讓玩家間的互動隱藏在底層，例如：玩家A可以選擇推進時間軌較多但資源少的行動，而玩家B可能選擇時間軌短但資源多的歷程；這會讓玩家有「真實時間推進」的錯覺，相對取得不同分量的能力或資源，例如：《七大奇蹟》、《馬尼拉》。

- **競標（Auction / Bidding）**：玩家使用金錢或者各種資源，評估並且競標遊戲中的各種物件，是另一種數學解讀的競賽，藉以額外訓練學生的數學計算與機率能力。此機制與Betting / Wagering下賭注類似，差異是競標是基於風險評估，而賭注帶著更多運氣成分。下賭注時，玩家以錢或是資源做賭注，根據遊戲本身或遊戲的一部分結果來賺取更多金錢或資源。《麻將》、《德州撲克》、以及賭神裡面玩的遊戲，都可以算在內。下賭注也是考驗玩家的數學、談判技巧、溝通、以及人際互動等能力。

　　桌上遊戲有著增加正向人際關係的教育功能，透過團隊合作與互動模

式，進而增加人與人之間的語言交流和互動。在遊戲中，透過小團體的共同討論、共同目標，學習如何在遊戲中與人自在的相處。最後讓孩子透過遊戲更瞭解他人內心的想法，預測下一步，接著採取行動，學習成功跨越人際關係的隔閡。在增加「人與人之間的互動關係」中，以下這些遊戲機制讓玩家更加專注於其他玩家，而不是遊戲本身。

- **角色扮演（Role Playing）**：角色扮演遊戲會開始於一個故事，接著玩家扮演並控制這個故事中的某個特定角色、種族、文明者，在故事當中行動。這種遊戲主要著重在故事性以及如何模擬角色在故事中的行動。其中又分為種族能力相同或不同等交錯的變化。在「玩家不同能力」的機制分類裡，屬於較複雜的遊戲機制，需要考量較多層面的設計。這樣的遊戲機制，往往可以讓玩家對於所扮演的角色多一分認同感，讓玩家更融入、沉浸於遊戲當中，例如：《狼人》、《瘟疫危機》。

- **合作遊戲（Cooperative Play）**：所有玩家以團隊進行遊戲，並且共同承擔輸贏。相較於上述的遊戲機制，玩家更需要與其他玩家進行溝通，針對遊戲目標思考解決策略，例如：《瘟疫危機》。此機制頗適合用於家庭或學習型遊戲，讓家長帶著小孩進行溝通、思考，訓練其邏輯與解題能力。

- **交易（Trading）**：玩家與其他玩家交換資源，以符合他們個別的需求，來達成遊戲目標中的合作、行動最佳化的共生關係。其機制促進玩家間的互動，也訓練學生的數學能力、談判技巧、以及策略性思考的能力，例如：《七大奇蹟》、《我是大老闆》、《馬尼拉》。

- **移除玩家（Player Elimination）**：遊戲過程中，將會移除玩家，直到遊戲結束／勝利。「移除」之意通常有殺死、攻擊等行動可供玩家選擇。這種遊戲具高度互動性，但也可能因設計欠佳，使得被移除之玩家等候時間較久，造成遊戲樂趣降低。所以在設計時要特別注意平衡問題。遊戲範例，例如：《狼人》、《德國心臟病》。

舉例來說，《香料航道》是一款四人桌遊，每位玩家扮演不同國家的航海家，主要的目的為以嗅覺判斷該回合的目標香料，包括可可子、咖啡

豆、生薑、胡椒、肉桂、丁香隨機一種。隨機的形式是為了產生各玩家任務目標不同，但不像單純擲骰決定那樣的草率，而是透過內容的變化來進行。過程中透過航海貿易的方式取得該香料（可自訂航道，增加路徑變化與船隻互動），並回到起點販售香料獲取分數，在限制的時間內獲得愈高分者勝利（計時計分制）。在遊戲開始前，每位玩家輪流選擇國家、船身、船槳、船帆、武器等（設定各玩家的啟始值不同，增加遊戲策略性），玩家的選擇會影響開局的遊戲數值，包括航行力、載貨量、減速、攻擊距離、攻擊力、回合數。所有玩家選擇完後，遊戲正式開始。每當玩家輪到自己的回合時，能夠執行的動作有四種，包含移動、攻擊、進港及結束（可於參數內隨意組合行動方式，增加遊戲性與策略性）。玩家必須在評估自己以及其他玩家國家的能力、目前船的裝備、以及所在位置來做出決定，擬定策略來獲取高分。過程中，會有合作與競爭的模式出現，貿易買賣香料或是戰爭獨取。因此，這個遊戲的機制有相當大的複合程度，融合許多遊戲策略，目標在於增加玩家的深度思考與策略應用。

策略

　　前面一直提到遊戲策略，以及提高遊戲的人際互動。策略又是什麼？應該不僅僅是一般性的遊戲行為，那是前一節所說的「人與遊戲的互動」而已。但如果要讓遊戲提升到「人與人之間的互動」層次，那麼談話、討論、合作、競爭等互動形式，則應從更為深入的人際關係與衝突的面向來看。這樣，行為的層次才能提升到思考的層次，「策略」才會形成。

　　如果用抽象一點的方式來看待，就好比是三十六計，在策略遊戲中，有時可以「以進為退」、「聲東擊西」、「調虎離山」等。而這些發生於內心的策略思考，會在人際互動中實踐出來，其中包括言語與行動：猜忌、勾心鬥角、要求、有禮貌、利他分享、商借、計畫將來、自我中心、命令、批評、言語攻擊、強迫的、搶奪、威脅、訴求主持人、以他物誘惑、以言語哄

騙、哭泣、哀傷、表示可憐、轉移目標、放棄目標等。這些又可進一步的分類在以下六類之中：利社會策略、爭論性策略、訴諸權威、利誘哄騙、情感性、放棄或轉移目標。一名玩家要達成任務，運用各種思考方式，去協商、爭論、談判、誘騙等，都是試圖在運用各種不同的方式去解決問題、達到目的。倘若桌遊的設計中能夠引起或促進玩家的這些思考與行為，則更能提升其遊戲的深度意義與可玩性。

平衡

桌遊遊戲中，最常看到的設計問題是遊戲的參數失衡。輕微的遊戲失衡只會讓遊戲玩起來卡卡的、不痛快；嚴重的遊戲失衡會讓玩家在短暫的時間內，還沒玩完遊戲就徹底放棄，不想繼續玩下去，更遑論再試一次。以下針對三個常見的失衡狀態進行說明。

• **失衡一**：遊戲難度太高。玩家需要足夠的技能才能突破關卡，但玩家的技術尚未充裕，即在每次的挑戰中，還沒開始就已經預見失敗。但這樣的失衡，經常發現在數位遊戲中，在打怪或解謎時會出現。桌遊裡面因為較少任務型的機制，偶爾才會出現這樣的狀況。然而，在學習型桌遊裡面，倘若教師設計者置入許多難度過高的知識內容，也有可能會產生這種現象。面對難度設定時，數位遊戲建議設定為中等偏上的難度，以適當的難度引起玩家的挑戰慾。而桌遊的難度建議設定為中等偏下，因為在桌遊中，較少有遊戲難度太低而導致玩家不想玩的情況。在桌遊中，能夠輕易的破解遊戲，在某些時候並不是壞事。如果遊戲性夠高的話，簡單達標的遊戲或許更能引人入勝，適合派對或學習型遊戲。想像你玩《大老二》，可能難度中等，但《撿紅點》就偏低，不過因為輕鬆好玩、互動高，所以並不會讓人不想繼續玩。又例如賭博性遊戲、撲克牌的排七或吹牛、《大富翁》、《Uno》、《出租公寓》、《Sushi》等，都是簡單上手但有趣味的桌遊。換句話說，在桌遊中，難度與趣味性之間，有一道平衡需要關注。

• **失衡二**：卡牌出現的頻率太少。玩家需要足夠的資源才能突破關卡，但藉由命運等待而來的卡牌卻一直沒有出現，因此無法前進或完成任務。通常這在第一、二次發生的時候就會讓玩家產生負面印象，不想繼續玩下去。如果遊戲存在能量、資源、裝備等，可能也會有類似的情況發生，需要注意調整。

• **失衡三**：點數或積分設定值不恰當。情況跟上述情況有點類似，差別是點數或積分通常會配置在版圖上，例如：玩家需要100個點數才能夠占領某個點，而這個卡牌資源每張只有1到5點，在20回合裡無法完成任務。這樣的點數與任務積分不對等的情況，會導致遊戲過久尚無法產生成功經驗。一種鑽進死胡同的感受，會進而讓玩家快速放棄遊戲。

試玩與校正

試玩只有一個目的，將上述的失衡狀態調整到平衡。透過一次又一次不斷地遊玩，讓不同程度、背景、經驗的玩家試玩，並仔細觀察所發生的現象，就可以偵測出可能發生的情況。

講到這裡，新手設計師都還沒有聽到一款完整的桌遊設計範例與始末。因為沒有任何一款桌遊是完美無缺的，但每一款遊戲都有其特色與優點。因著不同的人、性格、喜好、遊戲場域與氛圍，都有人喜愛或不喜愛。設計遊戲時，能夠參考許多桌遊的設計特點，模仿、改變、交錯結合、創新，依據目標產生自己的遊戲，這是桌遊設計的困難，也是其有趣之處。

習題

1. 選擇一款新上市的桌遊，它有沒有遊戲的失衡點，包括哪些？
2. 選擇三款同一主題的桌遊，說明它們遊戲機制的異同。

3. 萃取上述同主題數款桌遊的部分機制，重新整合這些機制，會產生什麼樣的新玩法呢？
4. 找一個發生在身邊的議題，設計兩種遊戲機制，一種是《大富翁》的玩法，一種是完全不同的玩法。它們分別是什麼樣的遊戲？

致謝

本章所舉的桌上遊戲，由科技部專題研究計畫補助開發。前後參與的研究團隊包括曾家俊、林長信、黃淑賢、游子宜等，產出數篇研究論文與碩博士論文；以及幾位曾經參與過研究計畫與專題製作的大專生們，一併感謝！眾多學術成果與著作，不在此一一列舉。

5 隨境遊戲

施如齡

　　手機已然是普遍的隨身物品，幾乎是3至99歲都會使用的電子產品。手機遊戲（手遊）相當的多，大多是小型手眼協調遊戲或是單一畫面的益智性遊戲。這些遊戲可以提供現代忙碌的人，利用短暫的通勤、課餘、休息時間，有個放鬆娛樂的管道。這些手遊通常是轉化過去的益智遊戲，或是開發單純單一規則的遊戲，讓人不需深度思考即能打發時間。它們的設計製作概念較為簡單，本章不再贅述。而較為繁複的遊戲製作，在第三章也已經涵蓋。

　　那手機還有什麼遊戲可以玩？想想近幾年流行的《精靈寶可夢GO》或是《Ingress》，也都是用手機進行的遊戲。但它們跟手遊不同的是，它們不是單一手眼協調的遊戲，而是需要玩家四處走才能進行遊玩。它是手機App與實境環境互相關聯、彼此呼應的遊戲。這類的遊戲，我們稱之為「隨境遊戲」（Pervasive Game），意思是遍布於各處、隨著環境而產生、改變、互動的遊戲。

第一節　定義隨境遊戲

　　隨境遊戲是行動學習衍生出來的遊戲，特色是結合現實環境與虛擬場景的內容，透過行動載具與軟體資訊系統，讓遊戲者在情境中遊走，進行遊戲。相較於數位遊戲或是桌遊，隨境遊戲更具有空間感、時間感與社會感。隨境遊戲的空間感，來

自於其無固定的遊戲位置，不像電腦遊戲需要坐在位置上才能進行。其時間感，來自於它不是短暫時間完成並結束、重新回合的遊戲，而是延續性的行動與遊走，長時間的累積手機打卡、短遊等來進行的。至於社會感，則是在玩家登入遊戲後，不管是個別任務或是共創分享，都是與網路世界裡的陌生玩家進行自由組隊。這樣團隊探索的形式，締造了與線上玩家共同創造出的虛擬認同感；加上遊走各地的踏查，獲得與社會連結的體驗。

在隨境遊戲中，玩家本身即是遊戲角色。在數位遊戲中，除了部分真人扮演的RPG之外，大多以虛擬角色代表玩家。而隨境遊戲以人數而言並不固定，雖然玩的時候實際上是自己在玩，但整體機制為大型多人遊戲的競合，因此感覺有社群團隊。數位遊戲較傾向於人與遊戲之間的互動，而隨境遊戲雖然大多是個人蒐集或攻打的遊戲，但依然仰賴於社交互動來進行。

遊戲中，玩家對周遭環境產生關注，認識當地文化。過程中，玩家與虛實整合的環境互動，是透過AR或是VR眼鏡來呈現；而手機裡的動畫、App與遊戲，也都是與實境做搭配的內容。此時，玩家能夠即時進入遊戲情境、甚至自創遊戲情節，也允許玩家建立中途目標。因此，使用者的地理位置會影響遊戲內容，與實境互動的結果也會累積成後續遊戲的能量與任務進行。例如：《精靈寶可夢GO》與《Ingress》兩者均是由GPS驅動、手機偵測玩家所在地點，前者呈現遊戲中該地點的所屬寶可夢角色，並提供抓取、升級、戰鬥等；《Ingress》則是玩家挑選陣營，在所在地點用GPS或AR地標偵測，打卡、攻占該地標，與隊友合作爭取最多的領地。即使機制不同，但皆為隨境遊戲的經典範例。

在隨境遊戲流行之前，帶著手機去旅行，四處去踏查、探勘的活動，大多歸屬在「行動學習」的範疇中。行動學習與隨境遊戲的唯一差別，就是行動學習沒有隨境遊戲中的「遊戲機制」。在行動學習裡，學生帶著教師已經建置好的數位內容，透過網路或已經載於本機內的資訊來進行實體訪查的學習活動。這些數位內容可能只是圖文說明或是提問，指引學生觀察實地的場景或物件，然後回答題目，甚至是拍攝相片、影片等。後期的行動學習，為

了增加學習動機與興趣，則融入更多的小組互動或競合的遊戲機制，形成了相當於隨境遊戲的樣貌。

　　因此，以教學為導向的隨境遊戲，在行動學習的基礎上，形成六大元素：學習者、學習環境、學習資訊、學習脈絡、行動性及遊戲性。在此模式中，首先學習者與環境是實體的，學習者在學習環境中進行活動。有別於傳統的學習以教師為中心，隨境遊戲是以學習者為中心。環境即為在地環境，自然不侷限於特定空間。學習資訊指的是學習內容與教材，以各種媒體與場域中呈現，知識、提問、引導指示或線索都是學習資訊（粉紅線，縱軸）；這個學習資訊形成了學習的高度與深度，而學習資訊與各環境的時空交錯，形成了學習脈絡（綠線，立向的圓平面）。學習脈絡聯繫著不同的學習資訊，使其成為整體性有意義的知識，也引導著學生建構自己對於在地資訊的認知架構。接著，行動性（紫線，橫軸）指的是在教學式隨境遊戲執行中，行動載具與各種數位訊號的可用性以及學習者自身的行動能力，打開的是學習廣度。最後是遊戲性（藍線，橫向的圓平面），是附加在行動性上的遊戲性，使整體活動具備合作、競爭、冒險、以及趣味性。當圓平面交錯時，則形成球體，是隨境遊戲奠基在知識面與遊戲面上的隨境性與行動力。

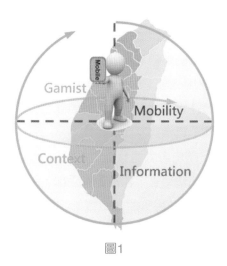

圖1

第二節　遊戲設計

地點

　　與數位遊戲及桌上遊戲不同的是，隨境遊戲並不是從主題、內容、構想等開始著手設計工作。相對地，設計者通常做的第一件事是尋找隨境遊戲的地點。這並不是說遊戲構想不重要，而是圍繞在線上組隊、進行任務的大前提下，反正遊戲場域的範疇成了隨境遊戲的首要考量。選擇地點時，除了考慮當地內容的豐富性，也要考量地點容不容易前往。如果不容易前往，那麼達成該關卡任務的人數就會比較少，難度就會比較高；相反地，由於平常很少人前往，如果導入了隨境遊戲，那麼反而是仰賴遊戲增加了人潮。因此，現在也有許多政府單位或私人組織，結合或參與隨境遊戲的方案，利用地景標記匯集人群、促進觀光。這不妨是遊戲與場域更有社會性意義的結合。

設備

　　除了選擇場域外，設計隨境遊戲時，似乎唯一要做的事情是軟硬體技術方面的支援。由於是隨境遊戲，虛擬情境的建置主要著重於上網順暢、功能完善好用，而不是細緻的美觀等。因此，技術方面要注意遊戲訊息要能透過行動載具有效的發布出去，遊戲中的角色與工具都要具有充分的行動能力，行動科技的軟硬體在實境中進行遊戲時要能隨時使用、不會中斷，遊戲要能在不同平台上互通，具備跨媒體平台能力。

　　相關軟硬體設備是隨境遊戲開發的主要需求。(1)行動顯示裝置：可將數位內容隨時隨地傳送給使用者，包括各式手機、平板、筆電、穿戴式裝置等。(2)感測技術：可偵測使用者所在位置的相關技術，包括GPS定址、手機相關感測App、攝影機（AR或QR code）、實體感測器（溫度、光線）、各種感測晶片（RFID、NFC）等。(3)無線技術：讓使用者可以與其他使用

者進行遠端的通訊，包括3G、GPRS、GSM或藍芽技術等，玩家在戶外即可進行相關的遊戲活動。

然後，設計師要將上述三項設備進行系統連結，設定電腦伺服器、數位內容資料庫、手機軟體或App與觸發晶片，以及相互之間的連結。大多時候，需要一些程式設計的支援來完成系統端的連結。

內容

隨境遊戲可大致分為「一般型」隨境遊戲與「學習型」隨境遊戲。前面所提到的《精靈寶可夢GO》與《Ingress》可以說是一般型隨境遊戲的代表；而學習型的隨境遊戲大多在教育界與學術界出現，以設計成學生可以從中習得知識內容或技能的遊戲。

在一般型的隨境遊戲裡，美術風格與內容資料庫等不是設計重點。主要是因為在隨境遊戲中，內容均由玩家隨時上傳，並使它的內容更為豐厚，設計者並不需要置入過多的內容或意圖。相對地，此類型的隨境遊戲主要依賴遊戲機制。以《Ingress》而言，設有攻擊根據地、占領根據地、防禦或修復根據地、運送物資、完成任務等的行動模式。在事件完成後會給予使用者遊戲內的報酬。在遊戲中，使用者最常碰到的事件型態會是「根據地」。由於全部的玩家在第一次進行遊戲時，會經由遊戲劇情的敘述與玩家的選擇，被分為兩軍互相進行對抗，所以根據地的型態就會被呈現為我方、中立、敵方三種型態。對於敵方根據地可以進行攻擊破壞的行動，中立根據地可以進行占領或放置陷阱來攻擊敵方，而我方根據地可以進行設定防禦機制、修復根據地與補充能源的行動。

至於學習型的隨境遊戲則會需要較多的時間耗費在內容製作上，包括場域的文字說明稿、圖片、照片、影片、動畫等，存放於資料庫準備讓玩家隨時讀取。

由於一般型隨境遊戲的設計著重在技術與遊戲機制，這在前兩章已有許

多說明。本章以幾件學習型隨境遊戲作為主要範例，闡述隨境遊戲設計的各面向需求，以及內容與軟硬體之間互相搭配的方式。

隨境遊戲除了地點、設備、內容三項主要思考要點之外，設計師需另加注意遊戲規則與實境互動的創意平衡、遊戲能適應個別遊戲者的技巧差異、遊戲情境符合實境的社會倫理、虛實轉換需要順暢等。設計師可以嘗試體驗一、兩次隨境遊戲，以深入瞭解其中的機制內涵。

第三節　遊戲範例說明

首先，來談一則古蹟文化探索之隨境遊戲《影像敘說》。這個遊戲分為非結構式自由探索隨境遊戲與結構式引導探索隨境遊戲兩大部分。非結構式隨境遊戲的主要策略是讓玩家在環境中自由尋找文化標的並記錄、搜尋其文化背景資料，以靜態圖像進行記錄，並使用擴增實境互動表演方式敘說文化故事。而結構式隨境遊戲的主要策略是讓玩家以手持式行動載具作為遠距溝通與記錄工具，並以井字遊戲的方式分配給各組，於不同特定景點進行擴增實境標記進行辨識，再以問題解決的方式引導玩家獲取文化背景資料；最後以概念構圖編寫腳本，用動態圖像記錄敘說文化故事。

《影像敘說》遊戲透過兩種方式，循序漸進地帶領學生透過關卡式的遊戲方式，完成學習任務，並提升學習難度，是行動學習邁向隨境遊戲的前驅者之一。

在技術方面並沒有太多的難度，使用PHP資料庫搭配Aurosma擴增實境軟體建置系統。最重要的是搭配課堂活動，將學習型隨境遊戲的內涵發揮出來。

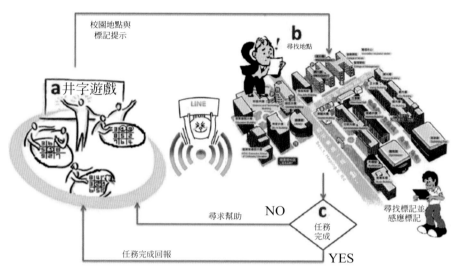

圖2

　　另外，《隨行圖書館》專案是以史地文化探索為主要學習目標的隨境遊戲。設計者將相關學習內容，以行動載具加上RFID技術建置了行動與無所不在學習情境的數位圖書館（u-library）。在數年前，它是一種隨行圖書館的樣貌，如今可稱為隨境遊戲的資料庫。當時為了實現情境感知無所不在學習的理想，此隨行圖書館包括了數位資源的後設資料。學生進入學習歷程後，可以自由選取學習主題，系統會推送相關內容給學生進行遊戲學習。

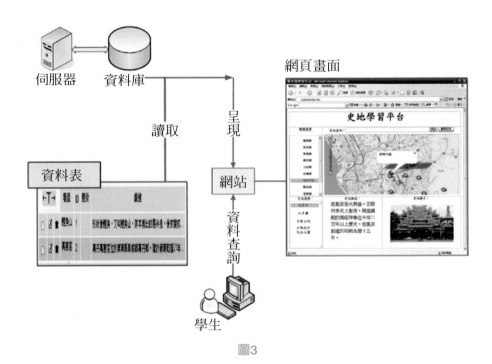

網頁畫面

圖3

　　由於隨境遊戲的調查範圍擴增了學習地域，更為廣闊的行動開啟了情境感知的需求。所謂情境感知，是學生到達某地點，手機依據GPS定位系統的偵測結果，自動提取相關學習資料供學生使用。其非結構性的學習內容以探索、發現為主進行隨境遊戲活動，其遊戲策略與過去課堂中的講授方式大為不同。

　　在科技日益進步的推動下，更導入地理資訊系統（Geographic Information Systems，簡稱GIS），整合Google Map Api提供的地圖資訊、資料庫管理系統，提取輔助地點的文化說明，成為更為豐厚、隨機運用的數位學習方式。網頁結合網路地圖與史地資料庫，學生能夠用自己的腳步與速度，透過自我經驗的方式來認識鄉土歷史與文化的重要意義。

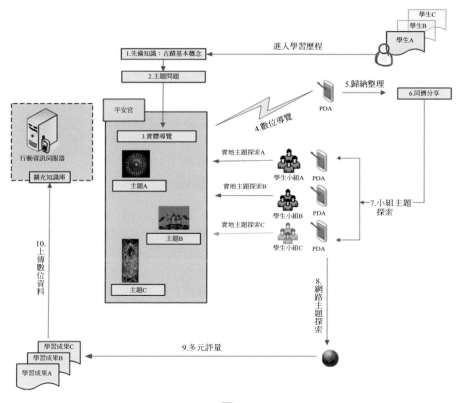

圖4

　　在《探訪平安宮》方案中，更變化遊戲機制，進一步融入於行動導覽中。講求科技性、文化性及遊戲性等元素，增進玩家與數位科技以及環境的三向互動。在這個隨境遊戲中，學生到實境中的歷史景點進行任務、尋找問題解答，也包括了記錄地點資訊與經緯度、拍攝事件照片、錄音記錄口述答案等活動。隨境遊戲的機制愈加多元豐富，行動學習便不再沉悶。

　　在這個遊戲中，以文化、史地、古蹟為主要學習範疇。圖5說明隨境遊戲的內容產生與遊戲路徑選擇圖。

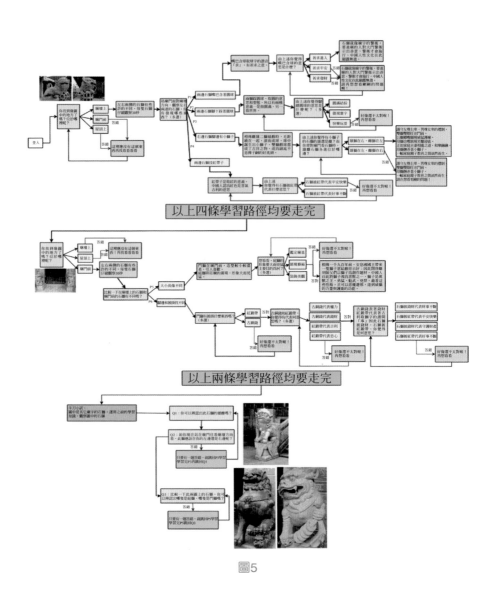

圖5

在系統結構上，則以探究為主，藉由手機取得線索以完成任務。以上述的學習路徑選擇圖為基礎，在探尋線索的部分，依任務的不同分為數個主題群組（Theme），每個主題包含數個漸進式線索（Hint）。學生一面運用線索解任務，一面在過程中進行自主學習。

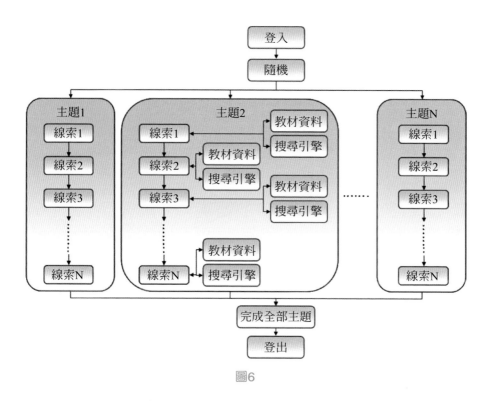

圖6

　　另外，《血戰普羅民遮》是一款認識古蹟的隨境遊戲。普羅民遮是赤崁樓早期在荷治時期的名稱，《血戰普羅民遮》的目的是讓學生在遊戲中認識赤崁樓的相關歷史故事與古蹟文物等內容。遊戲場域以赤崁樓周邊十四個文物與場景作為遊戲地點，並依據各遊戲節點設計「角色」、「劇本」及「詩籤」，提供玩家在進行遊戲時給予提示與資訊。其系統架構則比過往更為單純，僅以手機拍攝與雲端資料庫相連即可。

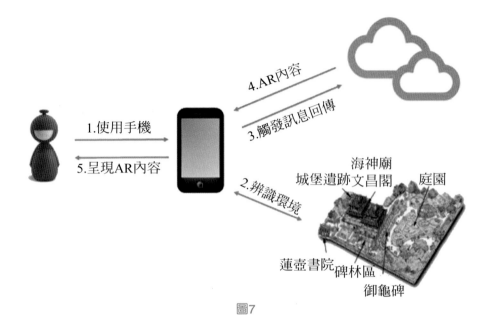

圖7

此隨境遊戲中，使用標記型擴增實境技術透過AR擴增實境系統Aurasma辨識系統與相關文物互動。玩家將智慧型手機對著目標物件即可進行辨識，當畫面出現紫色漩渦即表示辨識成功（如圖8所示）。系統會由雲端伺服器讀取相對應的擴增實境內容呈現在手機畫面上；內容會一直重播，玩家可以反覆聆聽古蹟文物的相關說明。例如：用手機相機對準地點中的銅像時，系統感應裝置會觸發條件，然後回傳AR內容在手機上呈現，銅像即會開口自我介紹並說明相關的歷史事件。或是將手機相機對準古井拍攝，經過系統觸發，手機畫面則呈現荷蘭兵從井口跳出來，說明歷史上此古井是通往海口，荷蘭兵是由海口的隧道進入古堡的。藉此方式，讓冰冷的古蹟導覽增添遊戲互動的樂趣。除了延伸了歷史內容，也增加了故事的可讀性，並透過玩家的想像，產生與場景的關聯。

圖8

　　《血戰普羅民遮》的遊戲機制採策略戰棋的類型，占地盤、回合制是此遊戲的主要特色，另外搭配主線與支線任務的交互作用來進行遊戲。在虛擬互動方面，則利用最普及的社群網站Facebook來串連所有玩家，並將打卡、上傳照片、發布訊息等功能設計到遊戲中，即時分享玩家的行動與各種發現。網路社群的功能可讓玩家分享自己的所見所聞給其他組員，達到知識共享又不失隱密性的目的。遊戲期間，任務訊息也透過Facebook不定時發布，增加玩家們的選擇與刺激。

　　此遊戲分為三個階段：首先是遊戲前之分組與領地分配，第二是行動隨境遊戲之環境認識與競爭，最後再進行小組分數結算。實境場景為臺南市區，實境中遊戲者、遊戲組、以及歷史文化景點間有著充分的實體互動與體驗。五妃廟、延平郡王祠、臺南孔廟、赤崁樓、大天后宮等古蹟為主要活動據點。各地點有相對應的題目，讓玩家以搶答的方式爭取該領地所有權，並顯示在社群網站上進行即時更新，讓所有人知道各自占領之據點。之後玩家對自己所擁有的領地做更深入的勘查，並設計與該古蹟相關的題目作為抵抗外敵的武器。

　　第二階段為占地盤搶積分，也是遊戲的主要部分。玩家外出征戰的同時，原領地必須至少有一人留守接受挑戰。當玩家到達新據點，先以打卡

發出挑戰，並開始對該據點作調查設計題目。挑戰方式為一問一答回合進行，防守方優先出題，答不出來的一方即為失敗，玩家挑戰失敗後在20分鐘內不得再次挑戰同領地。征戰期間會陸陸續續釋出如兌悅門、接官亭、武廟等零星小古蹟，並開啟第六大主題據點安平古堡，作為額外積分來源。小古蹟以打卡拍照附加古蹟說明即可占領；安平古堡則設有非玩家角色（Non-Player Character，簡稱NPC），需挑戰成功才可占領。支線任務為找尋臺南古城門，古城門分為東、南、西、北等大小城門，分別座落在臺南的四方。古城門隨著時代的推移，有些依然佇立，有些遭到搬遷，有些已不復見，只留下石碑標記。在時間有限的情況下，比起其他古蹟相對難找，因此給予找齊所有城門可獲得主題據點兩倍積分的獎勵，並結束遊戲。

第三階段進行成績統計，決定勝負。

因此在《血戰普羅民遮》隨境遊戲中的內容，大多由事件故事或任務組成。每一個主要事件或任務則再由數個子事件或問題形成事件集合。而每個子事件所呈現出來的數位內容，能以文字、語音、圖像、影片、或擴增實境動畫等項目之一或多個項目集合來呈現。每個小事件或是整個事件集合結束後，則出現小遊戲或測驗來判斷遊戲進度與完成狀況，並給予玩家相關報酬。

舉例來說，遊戲開始後，玩家開始執行主要事件。主要事件是由三個子事件組合而成，使用者必須要將三個子事件都執行完成後，才能獲得整個事件的獎勵。在三個子事件中，其中比較特殊的是子事件三，因為子事件三必須完成前置任務才可進行，而該前置事件，不一定會是同一事件組合的子事件，必須到別處執行完前置事件後，才可進行事件。設計者可運用事件關聯法與任務達成與否進行遊戲機制的規劃與配置，務必檢查系統的結構與流暢度，以利隨境遊戲的進行。

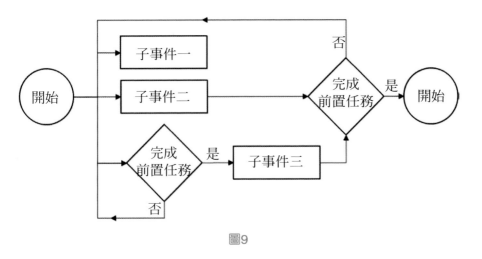

圖9

在隨境遊戲的機制中，數位系統會反覆取得玩家目前的地理位置。當使用者接近事件觸發地點時，系統會顯示目前所有可以執行的事件，玩家可以自由決定是否要進行事件，以及進行哪一個事件。依照事件內容的不同，會有各種任務可以選擇。

從遊戲機制的角度來看，《血戰普羅民遮》分成兩個主要關卡。關卡一為「探索普羅民遮」，著重團隊合作。藉由團隊探索的方式與遊戲內容互動，讓玩家探索普羅民遮的歷史及相關的文物古蹟。關卡二為「血戰普羅民遮」，主要為小組對戰，刺激玩家進行競爭。無論是競爭或是合作，均以提升學習動機與同儕互動為主要目標。活動採取小組方式進行，每組5位，活動時間約120分鐘。

- 關卡一：探索普羅民遮

首先提供玩家普羅民遮環境介紹及平面圖，並從十四支詩籤中，隨機選取一個作為初始任務詩籤即開始進行遊戲。玩家分析詩籤中的關鍵字、語意，並搭配園區簡介與地理位置，推理詩籤所對應的地點，即可前往探索並與相關文物進行互動，探索時間約90分鐘。

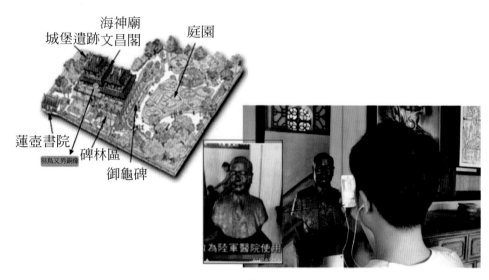

海神廟
城堡遺跡 文昌閣
庭園

蓮壺書院
羽鳥又男銅像
碑林區
御龜碑

圖10

　　詩籤以半月井為例（如表1），海神廟與文昌閣之間有一個從荷據時期遺留下來的半圓形的井，以「半圓夾於閣廟間」說明井的形狀與位置。這口井在當時解決了荷蘭人民生用水的問題，故以「供應日常飲用水」說明井的功能。在後段「曾聞紅毛藏密道，傳言可通熱蘭遮」則是關於井的傳說，當時與普羅民遮城遙遙相望的熱蘭遮城也有一口井，而熱蘭遮城是荷蘭人主要的軍事據點，因此當時的漢人謠傳，荷蘭人會通過井與井之間的密道來相互支援。藉由這些線索，讓玩家在腦海裡產生畫面，當推理正確並與實體環境接觸時，不僅對環境的印象加深了，對自我的肯定也加強了。

表1

遊戲地點	詩籤內容
半月井	半圓夾於閣廟間，供應日常飲用水。 曾聞紅毛藏密道，傳言可通熱蘭遮。
羽鳥又男	日時末代南市長，注重無價文化財。 不懼天皇皇民化，自費整修保古蹟。

詩籤內容在遊戲中以網頁的方式呈現，並與Aurasma進行關聯，當玩家讀取到遊戲節點的擴增實境動畫時，再點擊一次手機螢幕，便會出現下一個遊戲地點的詩籤，引導玩家前往下一個目標。而詩籤的引導順序，也依年代分為荷據明鄭時期、清領時期、日治民國時期等三個主題，加強遊戲節點間的關聯性，避免玩家在探索的過程中產生歷史脈絡混亂的現象。

　　小組可分工合作將擴增實境及現實環境所提供的資訊做記錄上傳至Facebook社團。記錄完成只要點擊螢幕，系統會導向詩籤網站顯示下一個詩籤內容。當出現重複的詩籤，表示該系列主題已探索完畢，可再抽選下一個詩籤繼續遊戲。直到三個主題探索完畢，遊戲即會終止。

● 關卡二：血戰普羅民遮

　　此關卡是採小組對戰四子棋的方式進行，只要四子連線就算獲勝；若無組別完成連線，則以棋盤上棋子數最多的組別獲勝，血戰時間約30分鐘。

　　玩家在寫有1至49數字的棋盤方格上進行對弈。每個數字都有一題相對應的問答題，題目類型包括歷史題、文物題、觀察題和方位題。玩家可以針對所屬小組最擅長的領域進行選題與答題，但必須答對才可占有該方格；答錯則由順位的組別答題。若該題沒有組別答對，則該方格會塗黑並在棋盤上視為無效節點。

表2

1. 歷史題	2. 歷史題	3. 文物題	4. 方位題	5. 文物題	6. 文物題	7. 歷史題
8. 歷史題	9. 文物題	10. 文物題	11. 歷史題	12. 觀察題	13. 方位題	14. 觀察題
15. 文物題	16. 文物題	17. 方位題	18. 觀察題	19. 歷史題	20. 歷史題	21. 觀察題
22. 文物題	23. 觀察題	24. 觀察題	25. 歷史題	26. 文物題	27. 觀察題	28. 文物題

29. 文物題	30. 觀察題	31. 歷史題	32. 歷史題	33. 歷史題	34. 文物題	35. 文物題
36. 文物題	37. 歷史題	38. 歷史題	39. 歷史題	40. 歷史題	41. 文物題	42. 歷史題
43. 文物題	44. 歷史題	45. 文物題	46. 歷史題	47. 文物題	48. 文物題	49. 文物題

　　因此想在此活動中勝出，除了對普羅民遮要有通盤的瞭解，遊戲策略也是相當重要的。玩家除了完成自己組的連線，也要阻止他組連線成功。當有組別答錯時，對其他組來說都可能是獲勝的機會。當玩家在得知題目後，有30秒的思考時間，期間可瀏覽先前在Facebook社團上的紀錄，尋找相對應的答案。因此，探索期間的記錄行為也是獲勝的關鍵，也讓使用Facebook做記錄更有意義。

　　透過《血戰普羅民遮》隨境遊戲探索的互動，讓學習古蹟更有趣生動，吸引玩家與文物古蹟的互動。後續加入小組對戰的機制，各組為了增加自己組別獲勝的機會，也提升玩家在探索過程的動機。過程加入網路社群的輔助，記錄各組在探索過程的學習歷程，可提供小組對戰回顧及課後複習使用。

第四節　教學應用

　　再進一步，學習型隨境遊戲在教學上需要整體的教學設計去搭配。從課前活動、課中活動、課後活動等階段，進行前導與收尾，以產生學習成效。

　　以《探訪平安宮》隨境遊戲的課程設計作為範例，可參考三階段的教學設計架構。

　　1. **學前活動**：在進行學習活動之前，透過語文課程先指導學生有關故

事，並播放與神明有關的錄影帶。而後，使用一堂課的時間（40分鐘）帶學生進入圖書館內，讓學生可以蒐集神明的典故或傳說故事資料，以及寺廟雕飾、彩繪的特色與由來。

2. **課堂活動**：同樣使用一堂課的時間，透過分組活動，利用學習單幫助學習者分析資料，描述有關的典故與傳說故事，主要讓學習者能夠認識一些神明的基本外觀（例如：穿戴、造型、服飾）。爾後，由研究者使用一堂課（40分鐘）的時間，發放問卷並進行PDA使用教學。

3. **探索活動**：由教師帶領學生至平安宮，進入探索單元的田野調查，利用行動載具進行數位導覽，並根據學習活動所提供的主題，讓學習者每人使用一台行動載具，以「實體觀察」、「實地訪查」與「數位查詢」的不同學習方式進行學習，並做記錄。教師則從旁引導學習者從不同角度去思考地方寺廟的文化特色。提供學生充足的時間「觀察」、「記錄」與「討論」，並適時的給予指導與鼓勵。此階段的探索學習活動內容設計部分，主要以探究式學習為基礎，給予學習者不同學習單元的任務，並提供系統內有探尋線索的輔助，讓學習者能夠順利完成任務。內容方面分為兩個單元，包括「廟宇故事我來說」與「小小廟宇工藝師」，分別探討古蹟的歷史由來以及廟宇的建築兩個部分。在探尋線索的部分，再區分為數個不同主題的群組，每個群組內包含數個漸進式探索的線索（封閉式題型、開放式題型混合出現）。封閉式線索（Close-Hint，簡稱CH）：提供引導性提示；開放式線索（Open-Hint，簡稱OH）：不提供引導性提示。經由這樣不同種類交錯的題型，引導學生藉由提示而進行多方面不同視角的探索學習。

4. **總結活動**：讓學習者以分組上台發表蒐集資料的方式，依學習單元的不同，以多元的方式，包括說故事與剪貼，呈現田野探索時的成果。學習後，請學習者填寫後測問卷，並隨機選出三個焦點團體小組，進行焦點團體訪談。

任務開始時，探索主題以隨機的方式呈現，學習者亦可動態選擇想先探索的主題。當探索該主題的某個線索遇到困難時，學習者可隨意選擇其他探

索主題繼續進行探索。每個探索主題中的線索則必須依照其順序，漸進式的進行探索。探索時，學習者可以透過現有資料庫的教材資料、網際網路的搜尋引擎，讓數位資源適時的支援其探索時的需要。

每個線索下方提供該線索的探尋方式，共分為八種：

1. 實體觀察（M1）
2. 實際訪查（M2）
3. 數位查詢（M3）：包括現有資料查詢以及線上資料搜尋
4. 綜合式（M4）
5. 實體觀察+實際訪查=M4（1+2）
6. 實體觀察+數位查詢=M4（1+3）
7. 實際訪查+數位查詢=M4（2+3）
8. 實體觀察+實際訪查+數位查詢=M4（1+2+3）

在第一個學習單元「廟宇故事我來說」分為四大主題：主祀神明、同祀神明、神明世界與民俗文化；在第二個學習單元「小小廟宇工藝師」分為五大主題：平面雕刻、立體雕刻、廟宇的門、廟宇擺飾，以及廟宇構造。每個主題下，皆提供數個漸進式交錯的線索提示。「廟宇故事我來說」的探索單元流程圖，如圖11所示。學習者必須將四個主題皆完全學習完畢後，方能離開系統。其資料庫設計是根據教學內容設定主題數目、開放／封閉式題型、探索方式提示與資料庫現有教材內容。

談了許多學習型的隨境遊戲，相信許多設計師仍然會覺得它們與一般型隨境遊戲有極大的差異；但隨著時代的進步與科技技術的普及化，兩者之間已逐漸拉近距離。其最主要的差異是內容的來源，是來自於設計師還是玩家。但話說回來，一般型隨境遊戲，除了本章提到的《精靈寶可夢GO》與《Ingress》之外，近兩年並沒有更新的隨境遊戲產生。或許是因為遊戲機制的單純，以及內容的不可控性，加上玩家的組隊與結盟畢竟是網路社群的陌生團隊，未能建立長久的夥伴關係，產生足夠的認同感並持續下去。因此，隨著科技網路與雲端資料庫，結合各種物聯網應用模式，隨境遊戲再如

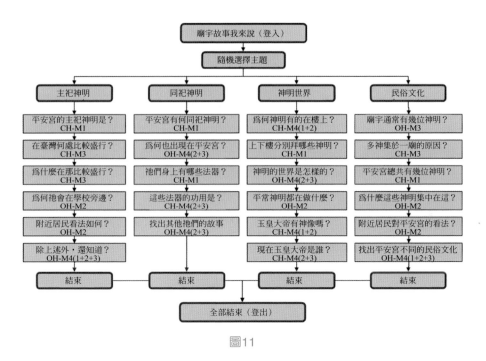

圖11

何創新、如何開發，產出有趣又有意義、叫好又叫座的遊戲，有待各位年輕設計師的創意發想與實踐。我們期待能夠看到更多元、跨域、嶄新的作品！

 習題

1. 你是否玩過《精靈寶可夢GO》？為什麼你會繼續或不繼續玩？它的可玩性元素為何？遊戲性的斷裂處又為何？什麼樣的遊戲機制可以改進修正它呢？

2. 選擇一個主題內容，以本章介紹之設計概念與機制規劃一款隨境遊戲。（什麼主題內容？玩家如何移動？玩家之間如何互動？虛擬與實

體環境如何整合？）

致謝

　　本章所舉的桌上遊戲，由科技部專題研究計畫補助開發。前後參與的研究團隊包括曾家俊、陳正萍、莊茜雯、陳文凱、鄭家家、郭俊峰等，產出數篇研究論文與碩博士論文；以及幾位曾經參與過研究計畫與專題製作的大專生們，一併感謝！眾多學術成果與著作，不在此一一列舉。

第三篇

微電影製作

6 啓動與準備

從武俠小說到電影，一定少不了少林寺；而說到少林寺，讓人印象最深刻的即是少林十八銅人陣。傳說中的十八銅人陣除了是抵禦外敵時的重要防線，更是少林弟子出師下山前必經的考驗，也藉此激發少林弟子的資質與潛能。目前各大專院校所設計以實務作品為導向的畢業製作，就如少林十八銅人陣般，除了是大學四年學習的總檢驗，畢業製作的過程，每一個環節都如銅人陣的機關，從題材編劇、籌錢募資、組成工作團隊、工作與時間的分配、製作技術、以及團隊成員和師長溝通等的關卡，考驗著學子的意志力與問題解決的能力。

綜觀各學習領域的畢業製作規範，以往多是廣電、電影、多媒體等領域科系，會以影視創作作為主軸，可有個人的劇本創作，或是集體製作的劇情或非劇情短片。現今人們早已習慣透過視覺符號與訊息交流的溝通模式，行動媒體科技的快速更新，讓影音訊息的產製個人化更為普及，如此對於視覺溝通的依賴，也反應在不少非影視相關科系的作品內容與形式中，舉凡行銷流通、文化創意、數位動畫或是設計，畢業製作的型態都可能包含微電影影片製作的元素。

畢業製作除了是學習成果的驗收，也是為成為職場新鮮人做好準備，好的作品與畢製經驗可能成為進入職場的最佳跳板。畢業製作如以「微電影」、或是電影工作者仍習慣所稱的「短片」為主，除了滿腔熱血、抱負與期待，還必須要有接受團隊工作挑戰的準備。國內電影、廣電、視覺媒體相關領域主

要專攻影音製作，認為電影為藝術創造的載體，對於畢業製作以影音作品為主的長度與規格要求，多鎖定在20分鐘以上、60分鐘以內的影片，且仍採「短片」（short film）為名，甚至少數影視相關研究所如國立臺灣藝術大學電影學系，則於修業規範明訂作品需參與具客觀評審機制的競賽徵選或影展，如金穗獎或金馬獎短片單元，作為畢業門檻之一。然而，相較於短片，華人圈普遍以micro film為稱的「微電影」，則鮮少於影視科系畢製的討論中出現。不同於短片，「微電影」的出現，被視為具商業或行銷目的而衍生的影片類型，多為特定目的所製作，而在電影工作者的認知中，微電影也屬於短片形式，是商業與流行趨勢下的新名詞，因此不必然能夠展現電影工作者的自由意志。

本篇將以非影視類系所領域，意圖以微電影或短片創作為畢業專題或製作的立基點出發，考量微電影製作必須進行的準備與步驟，一步一步伴隨引導欲以微電影創作為畢製的學子，順利完成符合初衷與展現自我的作品。本章先以微電影製作的準備與前製作業，開啟畢業製作籌備的開始。

第一節　選擇拍攝微電影

大多以實務成果為學習導向的科系中，作為修業門檻的畢業製作或畢業專題研究類的課程，在課程規劃上，通常是設定為最後一學年的全學年或是一學期的必修課程。然而，實際畢業製作的準備工作，由於涉及經費籌備、同儕共識、師生溝通，甚至自我期許，以及構思、製作計畫提案與審查，必須在畢業製作課程正式開設前就先啟動。

在考量是否以微電影作為畢業作品呈現時，同學們可先就微電影之本質與可應用潛力，或是製作微電影目的與必要性做初步評估。「微電影」之所以稱「微」，各家眾說紛紜，而對此當代流行的形式普遍採用的定義，大致可由以下幾個面向來看：

一、影片規格長度

　　根據新媒體發展基金會的微電影監製，有著「香港微電影之父」稱號的何緯豐所作的區分，傳統電影長片的長度通常為80至90分鐘或是更長，電影產業中所謂的短片，則通常指60分鐘以內的影片。而「微電影」顧名思義，則是更短於傳統短片，通常許多的微電影競賽規範多設定為5分鐘到20分鐘以內；5分鐘片長為最理想，而如果超過20分鐘的長度，就失去「微」的意義（何緯豐，2013）。

二、製作規模與成本

　　所謂的「微電影」，因普遍長度規格較短，大多被認為其製作的人力編制、投入的技術資源和成本預算的需求，較不需要像創作類短片、甚至電影長片般的龐大規模。尤其學生製片通常必須自行籌募資金，有時甚至幾百元的成本，也能完成一部短而美的微電影。然而，也有人認為微電影的本質屬篇幅較長的廣告影片（廣告長度通常為30至90秒），有其完整的敘事，為故事行銷策略的一環，因此也可能在精緻度上有一定要求，如果需要搭設講究場景，甚至明星演出，那麼微電影的製作費也不低廉。例如：2012年由天地和娛樂製作公司、中國大陸的土豆網與澳洲旅遊局合作的旅遊微電影，是由當時受歡迎的藝人楊丞琳與羅志祥擔綱男、女主角，影片分成五集各10分鐘於土豆網播放，製作經費就高達2,000萬台幣。

三、觀賞模式

　　另一種定義微電影的方式，是由如何觀賞微電影而論。大多數人觀看電影或影片的方式，是透過大幅電影銀幕，或是大尺寸電視／電腦螢幕，以大幅畫面觀看來創造更強的視覺感受。而微電影通常是透過各類新媒體平台發行，例如：Youtube、社群媒體，同時在收視端則多以手機或平板電腦

等行動載具觀看，所觀賞的畫面尺寸、比例，相較於傳統觀賞方式，則以「微」為其特徵。

四、製作目的

　　微電影的製作，並非如短片以自由創作為考量，而是有目的性的，屬於行銷策略的實踐，可視為廣告與故事行銷的結合。微電影因通常有片長的設定，如3分鐘廣告電影，或是15分鐘的微電影競賽片長條件，多為中心主旨明確，也許以單一事件為故事題材，也有完整情節、人物、場景、音樂等，就如極短篇於文學領域所代表的特質，精簡扼要中仍具敘事功能。微電影在製作快速、較低成本、多元應用、利用網路平台而曝光率高的優勢下，吸引各類型組織、廠商、公私立機構、政府和學校等紛紛採用微電影行銷。

　　回到畢業製作的脈絡而論，畢業製作的過程與最後的成果，對於即將踏入不同階段的畢業生而言，都將會是一生一回的重要經歷，因此必須多方考量而選擇最能表現階段性成就的方式，更希望成果能達到盡善盡美。我們身處影音符號訊息環繞的視覺文化中，對於影音傳播的依賴早已轉換成生活的一環，而數位科技的研發讓影片製作的器材與技術門檻大幅降低。不論是大眾傳播、影視媒體相關科系，或是中文系、教育學系，都可能在四年的課程中接觸微電影，也許是課程的報告製作或是教學應用。因此除非所屬科系對畢製形式有所要求，例如：必須以30分鐘以上、60分鐘以內的影片創作，製作規模較大，或設計類科系需有設計實物展出，學生們可在自身科系畢製規範的允許下，就以下的檢核建議來評估畢業製作是否以「微電影」為考量：

　　1. 實現理念與理想的最佳取徑：大多數學生在摩拳擦掌準備畢業製作之際，除了滿足基本的學系規範與師長期待，皆會期許能夠完成一個展現個人或團隊實力，以表達所屬世代、族群的觀點、聲音。那麼，可以幾個實際

問題來確認是否微電影是進一步的選擇：微電影是否是展現我（們）最好的形式？我們是否具備製作微電影的技術與器材？對於微電影的特性，我們能否掌握？沒有其他的形式比製作微電影更適當的嗎？經由前面問題的思考、討論、評估後，倘若微電影製作的吸引力大於其他考量，就可進入下一項檢核步驟。

2. **尋找志同道合的夥伴**：即使微電影製作的規模不大，就算是5分鐘的影片，也幾乎不可能一人包辦。也許先前曾有合作經驗的默契夥伴、幾位好同學一起訂下相同目標，或是同儕中能夠找到有意參與微電影製作，認同想拍攝的主題，還有更重要的，相互之間要能有效地溝通，共同擁抱實驗精神來接受未知挑戰的意願，這些都可以是組成合作團隊的基礎，也才能啟動微電影拍攝的計畫。在此階段，畢製就逐漸從個人理想升級至有實踐潛力的團隊。

3. **募集製作經費的規劃**：雖然微電影的規模、精緻度、還有製作成本的幅度差異可以很大，沒什麼錢也是能拍片，但既是畢業製作，總是在其品質與影響力是有期待的，也就需要正視自身能夠募集經費的能耐與管道。有些科系長久以來的畢業製作傳統是讓學長姊不斷提醒學弟妹要盡早存錢；有些人利用課餘時間打工，就是為籌備畢製要繳的費用。或是也有團隊成員共同進行的籌資計畫，例如：藉由參加小型的微電影競賽磨練實力，同時累積獎金作為畢製的基金。無論經費如何募集，都不會是一個人的工作，也絕不是可迴避的課題，必須團隊有所共識。

上述這三項檢核的關鍵主要在於學生自己，以及畢製團隊成員對於拍攝微電影要投入的心力、勞力與財力所需的認知與心理準備，如有了自知且獲得共識，才能即早開始進入畢業製作的準備模式。準備工作愈早啟動愈好，不必等至升上大四才開始。同時，盡早開始向指導老師請益，同學們才能在課程修習上，針對畢製需要做有計畫與目標的學習。團隊成員也能就各人擅長的或有意投入的面向做重點提升，例如：導演或編劇，可多看、多讀、多寫作品來練習，而擔任攝影工作者，就讓自己能多操作攝影機，以精

進攝影技巧和對視覺呈現的能力。

第二節　確認製作目的

　　完成畢業作品的直接目標，當然是為了能夠取得學分、完成學業、順利畢業。然而在團隊成員形成，共同確立以微電影創作為畢業作品之際，不應抱著單純為了拍而拍、完成畢製就好的思維，因為交差了事的出發點絕對不會有好的結果。人生大概就這麼一次，跟自己大學同窗四年的同學一起做畢業製作，青春歲月也不能重來，先不論未來是否繼續走在與影片製作相關的路，何不設想為此時此刻的自己和夥伴一起完成一部代表作，代表大學學習歲月的總結，也代表屬於個人、群體或世代的聲音，當然，也可以作為作品集裡的代表作。

　　那麼，擺開上述的前提，畢製團隊成員需要共同確立製作微電影的目的是為著什麼？或是想要達到什麼訴求？目標？就學生畢業製作而論，很多時候會從作品創作本身考量，也許是團隊成員已經有個很棒的題材、故事或是劇本，就是想將它實踐拍成一部影片，把團隊想要說的故事以想要的形式呈現，這就是最直接單純的目的。

　　因為是畢業製作，並非僅是課堂習作，或是平時切磋磨練的影片格局，除了把想拍的故事或題材轉換成腳本拍出來，應該要更進階地設想是否能藉由這個作品引起觀眾的共鳴，或是這個作品的中心主旨是否具何種意涵，希望能夠傳達怎樣的訴求。當然，如果能夠藉由作品所探究的特定議題而為觀眾帶來衝擊、甚至影響，也能讓畢業製作的意義更加提升。2006年由世新大學的三位港澳僑生所製作的畢製紀錄片《腳尾米》，就是因2005年轟動臺灣的腳尾飯假新聞事件所激發，以臺灣新聞媒體圈頻繁出現未確實查證、新聞取材不當等亂象為題材脈絡，比較臺灣與香港新聞媒體生態，且採取新聞呈現模式而製作的批判諷刺紀錄片。作品中除了包含學者、民眾、學生、以及新聞工作者的訪談，還設計了兩段虛構的新聞事件「狗回魂」與

「拍賣運氣」，來驗證新聞媒體對於不明來源素材的粗糙處理方式。《腳尾米》於Google Video上播出的當天，在PTT上獲得極大迴響，雖然部分媒體大肆抨擊作品刻意造假作弄媒體，也有批評認為作品涉造假不道德而未受學生影展評審青睞，然而作品創作的初衷，期望引起大眾對於臺灣新聞的品質與環境的重視，也確實引起廣大迴響與討論。

　　除了期望藉由作品引起共鳴之外，畢製團隊也可以抱持實驗精神，將製作視為一個探索的機會，嘗試跳出以往學生微電影製作的既定框架。正因為還是學生，不需要像商業或公益影片必須服膺於業主的要求，可以擁有更大的空間與彈性挑戰創新。現今製作設備的取得，以及後製數位軟體的便利與彈性，讓學生除了在題材選擇外，還可以在影片的類型、敘事結構、表演、攝影、剪接、音樂、甚至後製特效上做許多的嘗試探索。以類型來說，過去因為製作規模、經費、技術等的困難，學生影片比較不會以類型影片作為創作考量，特別像動作／武打片或科幻片，在劇情片以外，還要考量武術動作、視覺呈現，甚至大場面場景設計，都在後製繪圖軟體的升級後，讓學生能做不同的嘗試。筆者於2010年曾指導的學生畢製作品中，《樂園》就曾利用動畫合成完成一幕關鍵的兒童樂園火災場景，這場戲則是以遠景（long shot）方式呈現，就不會因資金或資源受限，更不會需要真搭個樂園的場景就為了把它給燒掉；另一部2011年的《受活》則不僅包含警匪打鬥場面，還以動畫完成手槍子彈射出的極大特寫（extreme close-up）。在現今許多可得資源增加，包括學生創作補助或是地方協拍機制的設立，學生畢業製作可做更多的嘗試。

　　再者，瞄準特定的微電影競賽也可作為畢業製作的目標，對不少具企圖心的學子，參加比賽或影展通常能作為有效的創作原動力。海內外各地區在不同的時節都可以找到不同類型、不同宗旨的微電影或短片競賽，或是競爭性質的影展，也都特別針對滿腔熱血的年輕學子來參與。以鼓勵學生參與電影創作的金穗獎、金馬獎短片項目，或是「公共電視學生影展」為例，都是國內最具影響力的競賽，也提供了許多電影新秀人才嶄露頭角的平台。當

然，這幾個競賽也是競爭最激烈的，這類競賽的評審對於學生短片創作品質的要求與期待門檻也相對較高。以學生作品為主或特別開放學生獎項，類似的競賽或影展還有「臺北電影節」、「高雄電影節」或「屏東金緱獎」的學生短片競賽，以學生參賽的「青春影展」、「新北市學生影像新星獎」、「螺絲起子影展」、或是國外地區或城市影展等，這些競賽在作品題材、類型、風格形式都給予非常大的彈性，都是啓動畢業製作之際可設為達到（參賽）的目標。

　　此外，近年來也有不少企業、政府機關或組織應用微電影來行銷商品和服務，促進觀光，或是達到公關效果，而這些機關或組織多以舉辦微電影競賽的方式，鼓勵學子發揮創意，實地將其商品（或服務）、地方特色，組織公關訴求等拍攝成微電影作品，期望透過微電影呈現方式來行銷提高能見度，而這類的行銷微電影競賽也可作為畢業製作的目標。此類型的競賽不同於上述鼓勵學生自由創作的獎項，預期的微電影作品是需具有「廣告」、「行銷」功能的，也大多偏好以能夠感動人的故事來吸引打動觀眾，而引起觀眾喜好或是認同。因此如以這類競賽作為畢製目的的話，必須先瞭解主辦單位的性質與訴求，例如：塑造組織的形象、推廣某項理念，或是評審標準主要尋找的作品特色為何，才能較有效地掌握後續的題材發想。畢業製作團隊可以到「獎金獵人」網站（https://bhuntr.com/tw）搜尋各類微電影比賽的相關資訊，以作為後續準備工作的參考。然而在以參賽為畢業製作目的的團隊，也必須要自我提醒，既是競賽，就是有輸有贏，製作一部好作品參賽是目標，不需讓得失心成為製作壓力和團隊成員間溝通的阻礙。

　　在確定拍攝微電影，確立製作目的之後，就要準備進入題材蒐集與發想的階段，進而開始製作前期的準備工作。不過還是有個前提團隊必須掌握，團隊也必須選定畢製的指導教師，並在接下來的工作程序、作業進度、專業技術、工作分配，以至於成員溝通協調等，都可能是團隊需要與指導教師保持通暢的溝通管道。

第三節　啓動題材發想模式

　　組成了微電影畢業製作團隊，決定了製作的目的或大方向，接下來就是要具體地進入構思前製階段。不論團隊是兩人的迷你規模，或是五人，甚至更多成員的龐大製作團隊，都可以先以集體腦力激盪（brainstorming）的方式，就製作目標方向上，將可以採取的素材或故事放上檯面進行討論，而素材或是故事靈感可以採自於平時生活觀察、奇特經歷、散文、極短篇故事、小說、歷史傳記、漫畫、新聞報導、社會事件、舞台劇、科學、宗教、音樂、美術等各類來源。因為是畢業製作，通常團隊成員都希望能在這個階段有所參與，雖不一定之後會擔任導演或是編劇的工作，總是每個人的聲音都能夠表達，團隊內的成員也可藉此激盪來找出適合的題材。

　　畢製微電影的題材選擇其實不需過於龐大，由小品出發，把小作大；也不一定需要符合現實合理性，多一點想像和創意，反而可以成為優勢，而重要的是必須有屬於自己的視野。找到有意義的題材，發展出一個值得說的故事，一個製作團隊可以達得到的目標就是這個階段重要的課題。曾參與製作《原子小金剛》、《旋風小飛俠》、《機動戰士鋼彈》等無數膾炙人口動畫的日本資深動畫導演富野由悠季就曾說，能夠令人忘掉時間的故事，才是能夠超越時間的要素（富野由悠季，2014；林子傑譯）。

　　國立臺北藝術大學電影系的陳和榆就以一篇《蘋果日報》的訪談報導為素材，開始發想關於靈媒的故事，在訪談報導主人翁和通靈人士，蒐集研究靈媒與臺灣特有的宮廟文化相關資料後，於2011年編劇且導演了學生短片《神算》。作品除了獲選入「公視學生劇展」的放映作品，在2014年的臺北電影獎、金穗獎獲得肯定，也榮獲第50屆電影金馬獎的最佳創作短片。作品以接近年輕族群的高中校園為背景設定，加上具通靈特殊能力的高中女孩，必須周旋於家庭期待、靈媒任務、壘球愛好、同儕相處、以及情竇初開之間碰撞的火花，意想不到的衝突融合，促成國內電視公司（公共電視台）與跨國媒體HBO Asia合作的首例，進而改編為2017年大受好評的影集

《通靈少女》，其完結篇播出時的平均收視率達4.40，還締造了公共電視台歷來的戲劇收視最高紀錄。

有了素材開始構思故事的同時，畢製團隊也需依據所屬系所對於畢業作品的規範、製作目的、成員專長與意願、資源的取得來決定展現所選題材的最佳呈現形式，或微電影的形式，因為這階段的決定將會影響製作前期需要進行的準備工作內容。

第四節　設定呈現形式

影視作品的形式通常分為劇情片（narrative）與非劇情片（non-narrative）兩大類。劇情片有時也稱為敘事片，顧名思義，就是說故事，通常將一連串事件（情節），利用經思慮後的策略或邏輯將故事或事件組合，以達到引人入勝的敘事結構。劇情片在時空故事或題材可以是虛構的（fictional），也可以是改編自真實故事或事件。不論題材或故事如何，劇情片依其敘事結構，可以展現寫實風格，或是以誇張、時空交錯、或是實驗性強的呈現方式，藉由攝影、燈光、美術設計、甚至表演詮釋等操作，讓作品呈現強烈的表現主義特色。選擇劇情片的製作，接下來的準備工作就需著眼於故事的發展，朝向劇本的完成前進。

不同於講究敘事結構的劇情片，非劇情片則不強調說故事的策略，也不刻意建構事件的合理性，或是情節的因果關係。當我們進入微電影或影片製作的脈絡時，大多會圍繞在劇情片的討論，然而隨著傳播媒體的日益多樣化、網路科技與移動載具的更佳便利，人人以智慧型手機就能拍攝生活點滴來製作影片。現代人日常生活中接觸非劇情片的機會愈加頻繁，舉凡最常見的紀錄片、音樂片、或是強調擬真的類紀錄片。在畢業製作的規劃範疇中，通常最典型的非劇情片選擇就是紀錄片。

紀錄片（documentary）是對現實事件作具創意性的真實記錄，紀錄者在現實中攝製時，不能改編當下的現實，也不去設計情節。雖然紀錄片中的

人物地點和事件是實際存在的，但事件發生的當下，紀錄者選擇他所看到的部分記錄下來時，就決定了將要給大眾看到的事實切面，再透過後製的剪輯和素材的選擇，即成為紀錄者要讓大眾知道的訊息。紀錄片的題材可以是人物、事件或活動，或是議題，例如：喚起大眾對失智症長者關注的《被遺忘的時光》、描述實踐機車環島理想的高齡長者的《不老騎士》、探究空汙或環境議題的《穹頂之下》、《不願面對的真相》等。假使畢製團隊選擇以紀錄片或是非劇情片形式來執行，則需要針對選擇的主題對象做更進階的資料蒐集、田野調查、觀察，以及縝密的拍攝腳本與計畫，才能掌握完整的影音記錄，後續進入資料整理、剪接等後製工作時，才有完整的影音素材與更大的彈性將主題有效呈現。

此外，團隊可以嘗試天馬行空、自由創作，也可以是具目的性的微電影。如前所述，微電影的發展與行銷關係密切，假使團隊的製作目的是與廠商合作的行銷影片，或是瞄準參與觀光、行銷微電影競賽的，在題材選擇、形式設定上就會需要考量與觀眾溝通的有效性，因此可參考以下兩大方向：

一、故事行銷：設計具故事性或情感豐富的劇情，也許是一段或一系列，有計畫地將影片目的以故事、情境來緊扣觀眾的情緒，吸引觀眾的認同，進而採取行動。因此在這部分的關鍵，就是能夠找到讓觀眾產生共鳴的故事題材與內容。

二、置入行銷：不論是競賽或是合作，行銷微電影通常都有所謂的業主，例如：政府機關、非營利組織、營利企業等，期待以微電影的方式，來行銷觀光、商品、服務、品牌或是理念，因此在製作微電影時，內容要如何呈現，需要創意規劃，融合讓人深刻的故事，且不著痕跡地帶出商品、品牌或理念。

本質上，微電影就是一部不同呈現方式的廣告，因此，製作就應該回歸到它的本質，就是儘量不著痕地把「故事植入」在觀眾的日常生活中，透過「生活化」、「相似性」、「體認」產生共鳴，儘量不要直接以商品或品牌

為主角，才是讓微電影成功的重要因素。2015年TOYOTA的《家族旅行》微電影運用感性訴求，描述兒子帶年邁父親回憶兒時旅行的過程，片中透過實力派演員修杰楷純熟的演技，傳遞父子間親情的深厚流動。此片同時也呼應當代社會所關注的長期照護議題，成功引起大眾共鳴，最後以超過兩百萬瀏覽數奪下人氣冠軍。不論採用何種敘述表現，微電影最後都需要能依規劃達到預期目的，並吸引目標群眾及引發注意、討論，進而完成訊息傳遞及分享。

　　雖然微電影的形式多元，包容性也高，普遍仍以劇情片為大宗。在確立製作目的和題材後，選定作品採取的呈現形式，接下來就可依據團隊已有的大方向來分頭進行前製作業。本章後續的前製作業段落，也將分別依劇情片與非劇情片所需進行的步驟做簡要說明與提點。

第五節　總結

　　大學四年的畢業製作，無論是畢業門檻，或是自發性的製作，站在這條挑戰之路的學子，都應視此為大學階段的學習檢視與自我期許的一種實踐。部分傳播相關科系規範以影片製作為畢業製作的選擇，也許是劇情短片、微電影、紀錄片、或是紀實報導，也有些科系讓學生自主選擇作品形式。無論影片製作的前提是學分／課程要求或自主，絕大部分的畢業製作籌劃工作，至少在實際投入製作的半年前就開始，因此，學生盡早決定畢業製作型態是必要的。如以微電影或是短片為畢製形式，需要先顧及三大面向的考量，最主要的就是確立微電影是實踐個人或團隊理念與理想的最佳取徑，不論是為著自由創作、瞄準特定競賽或影展主題，或是與產業業主商談合作。

　　另一方面，畢製工作團隊的形成也需要在此階段進行，特別是將擔任重要工作職位的成員，例如：製片、編劇、導演，或是其他技術導向的攝影、燈光。當然，團隊的組成規模也會依著欲製作的影片規範（所屬科

系）、類型、形式、長度或目的而有不同的考量，因而影響經費募得與使用的規劃。對大部分需要完成畢業製作、甚至籌辦畢業展覽的大學生，屆時的花費動輒十來萬是常有的事，也讓不少大學生才剛入學就要為未來畢製籌措經費。

在籌劃初期，團隊成員需要建立製作目標與形式的共識，對於自身擔任的工作有所瞭解，更重要的是團隊成員間需要有良好的默契與溝通模式。普遍為時至少半年的畢業製作過程，當團隊有必備的能力，好的溝通與共識，時間管理與工作進度就容易掌握；如團隊成員間的溝通網出現裂縫，則可能耗費過多人力資源在解決衝突與認知差異，也就可能影響工作效率。

當工作團隊形成，製作目的也確認後，團隊就會需要投入題材的蒐集與發想，以及考量作品呈現形式。這當中也包括多看多參考各類作品，並與指導教師維持良好關係，適時請教。總而言之，實際畢業製作的準備工作，由於涉及經費籌備、同儕共識、師生溝通、甚至自我期許，以及構思、製作計畫提案與審查，必須在畢業製作課程正式開設前就先啓動。

 習題

1. 自2000年初期，「微電影」如雨後春筍般出現，請就你的認知，嘗試說明微電影與以往的短片的差別爲何？運用方式又爲何？
2. 本章在畢業製作初期籌劃階段多次提及團隊溝通的重要性，試與拍攝畢製夥伴或是組員討論，團隊工作的過程中，溝通與共識的重要性。

參考文獻

何緯豐（2013年10月）。微電影視時候標準化。**傳媒透視**，10-12，https://app3.rthk.hk/mediadigest/media/pdf/pdf_1403511033.pdf。

朱旭中（2018）。影視創意寫作。載於施百俊（主編），**創意思考與文創應用**（頁125-137）。臺北市：五南。

李昱宏（2015）。**畢業製作與微電影創作**。臺北市：五南。

富野由悠季著，林子傑譯（2014）。**影像的原則：初學者到專業人士的分鏡**（映像の原則──ビギナーからプロまでのコンテ主義）。臺北市：五南。

7 拍攝前製作業

朱旭中

主要團隊成員大致抵定，拍攝題材與方向也初步確定，在無數回的溝通與討論之後，團隊需要擬出一份簡略的拍攝計畫，或微電影拍攝企劃書作為一種宣示，也是一個正式畢業製作的開始。即使只是簡略的構想說明，透過文字表達能將先前的討論組織起來，也能協助團隊將待釐清的項目條理化。將構想付諸實踐的第一步，即是撰寫拍攝計畫，而透過拍攝計畫的程序，能讓團隊成員的共同目標明朗化，也是分頭進行下一階段前製作業的共同基礎。

第一節　擬定拍攝計畫

拍攝計畫的撰寫，可視前述畢業製作微電影的目的，由團隊的製片或現階段的統籌來進行，除了可協助釐清製作定位，在畢業製作過程中，可與指導教師請教適切性來調整製作內容，以確認是否符合系所的畢製規範或要求，當然，也可以此計畫書來爭取學系外部可能的製作經費。大致來說，拍攝計畫書包含的項目與說明可參考表1所述。

表1所列的項目，大致為初期拍攝計畫中需要考量擬定的內容，其他還有的項目如目標觀眾（作品主要針對的觀眾群或展演的平台）、演員（如已有演出人選），以及資金來源或籌募計畫。透過計畫書的撰寫，能先凝聚團隊共識，也有比較明確的工作基礎。

表1　微電影拍攝計畫書

項目	說明內容
1. 片名	微電影作品名稱，可先暫定以方便資料撰寫稱呼，待作品完成時可重新命名。
2. 片長	可先設定完成影片長度，以對影片規模有所期待，也可作爲前製作業人力、資源、經費的籌劃。微電影長度可介於5至20分鐘，視畢製規範與製作目的考量。
3. 格式／類型	指完成影片的格式或檔案類型，以現今數位影片製作考量，例如：Full HD（解析度1920×1080），或是成品檔案類型，例如：*.avi、*.wmv、*.mpg或是*.mov。
4. 主題／宗旨	說明影片的主題，以及透過這個主題想要傳達的訊息、達到的目的。
5. 田野調查／研究背景	這個項目主要針對非劇情片形式，如果作品採取紀錄片形式，或是其他非劇情片元素，例如：加入採訪、報導、甚至實驗內容，可說明針對欲進行的主題所做的田野調查與初步研究背景，也可附上相關照片／圖片。當然如果作品是採取劇情片形式，也可以在此闡述初步的題材相關資料的蒐集與準備（人、事、時、地、物）。
6. 創作動機	簡述製作的緣起與動機。
7. 表現手法	簡述作品將採取的表現方式，主要是影片整體美學風格的選擇，攝影、美術、音樂、剪接等都是建立影片表現的手段，可以是寫實，也可以是唯美、誇張的手法。如有其他作品作爲參考值，也可在此舉例。
8. 故事大綱／簡介	描述故事內容（人、事、時、地、物）、拍攝對象、人物／角色說明、故事架構、或是拍攝大綱。
9. 分場大綱	依據故事大綱，以場（幕）的架構，將事件依事件鋪成開端、衝突對立、問題解決，將其邏輯組成，形成完整場次次序的編排。分場大綱與劇本不一定需要在計畫階段完成（這部分將於下一節編劇的部分進一步說明）。

項目	說明內容
10.劇本／對白本	包含人物、場景、動作說明，以及對白的劇本／拍攝腳本。因劇本的編寫會需多方考量與多次編修，因此在初步計畫階段，可先不需完成。
11.拍攝進度表	依可運用的時間粗估拍攝進度與期程，可以甘特圖或視覺方式呈現。
12.預算概表	預算，包含器材租用、演員費用、工作人員補貼、交通、食宿、場地、音／圖版權等項目的花費粗估，以表列呈現。這部分通常會依據既有的分場大綱或劇本來進行估算。
13.拍攝團隊	請簡述團隊成員個人經歷及故事、工作分配及團隊成員同意書。如有可能，也可提供導演與其他團隊成員過去影像作品之說明。

第二節　編劇與腳本撰寫

一、劇情片

　　累積了素材，加入了自己的觀點和想法，接下來就是藉由這些元素，以影視創作為出發點開始故事情節的架構寫作，讓各種構思以文字寫作來落實，創造出吸引讀者的故事。雖然在前面尋找題材與討論階段，可能是團隊中的每一位成員都參與，或是由核心成員主導，在進入劇本發展的階段，為求工作效率與溝通便利性，則需由其中的核心或指定的成員，對於要拍攝的影片故事題材已有一定的涉入，或是具有劇本撰寫掌握能力的成員來擔任編劇工作。以劇情片為考量，從素材到完整的對白腳本，可從寫出故事大綱的步驟開始。

（一）故事大綱

將構想寫成一個故事大綱或綱要。故事大綱正是影視劇本的粗略綱要，撰寫故事大綱時需要掌握的大原則包括：

1. 人物、事件、時間（年代）、地點等四項要素交代明確。

2. 哪些人在什麼時間、哪些地點，發生了什麼事，以及人物在事情發生之後的選擇，也就是說出故事的原委、人物的性格、時空的交代、情節的發展、衝突的高潮、懸疑的布置等。

3. 平鋪直述、簡潔明瞭即可，不需要使用過多的形容詞。

（二）分場大綱

當故事大綱敲定後，在進入到劇本或對白腳本細節階段前，可以「分場大綱」的工作階段，依情節鋪陳的實際順序編排來進行分場。分場大綱的目的是將所有故事大綱中描述性的東西都具體化，變成是實際可以拍攝出來的內容。透過一個段落的場次分配，你可以調整故事的節奏，並且透過分配不同段落的戲分，來強調某個主題或凸顯某些情感。編劇能否掌握到故事最重要的精髓，或是瞭解哪些場景可凸顯這些重要的關鍵，這便是決定分場好壞的地方。

著手進行分場時，都是利用場景和時間來進行分場。每當場景和時間有所改變時，就需要設定一個新的場次。大綱上註明場次（第N場）、時間（白天／晚上）、內景或外景、場景在哪裡（公園），還有這個場次發生了什麼事情（可參考以下筆者所指導學生作品《樂園》的前十場分場大綱節錄之範例）。

表2 《樂園》分場大綱

場次	場景	時間	人物	主要劇情
01	室內—便利商店	日	映晨、便利商店女孩	一位女子在便利商店裡買新竹市的地圖。
02	室外—新竹市區	日	映晨	開著車，看著這城市的人、事、物。
03	黑畫面 字幕：我想領養小孩		阿登	阿登的口白：我想領養小孩。
04	室內—酒吧	夜	阿登、聖泰、女吧台員、男吧台員、客人×6	聖泰覺得阿登沒有好的條件領養小孩，而阿登羨慕聖泰，但聖泰最後開口向阿登借錢。
05	室外—遊樂園	日	阿登、伊芙、小孩×6	與伊芙第一次見面，伊芙說男生不可以哭哭，讓沮喪的阿登笑了。
06	室內—家中	夜	阿登、登媽	阿登喝完酒回家，登媽看到喝得爛醉如泥的兒子便念了幾句，阿登不理會回房。
07	室外—遊樂園	日	伊芙、小孩×6	一個小女孩抱著娃娃跑著，在遊樂園遊玩。
08	室內—學校裡的講堂	日	映晨、老師×3、學生×100	映晨到學校演講，時間一到就倉促地離開。
09	室外—街道上	日	阿登	在上班的途中經過玻璃牆，順便看一下自己，整理儀容。
10	室外—公家機關	日	阿登、公家機關小姐×3、路人×3	得知領養小孩條件，阿登知道自己的條件，因此感到灰心。

透過分場大綱，即使在沒有對話的情況下，整部作品的骨肉仍可逐漸顯影。到了這個階段，作品的討論可以變得很細，從整個故事的走向，進入到每個段落、場次的討論，也可以檢查是否有不必要的場景存在。去除那些純粹為了交代而存在的場景，試著把交代的訊息放進其他有戲的段落裡，可以讓作品變得更精采扎實。

為了確保能夠精采地說出一個好故事，劇本的結構便起了決定性的作用。古典三幕劇結構雖然是大多劇本寫作教學中，最常講述的敘事模式，卻並非是唯一的模式。為求將故事說得清楚而吸引觀眾，很多電影劇本更專注於生活景況的描述，或情調氣氛的捕捉與再現。無論何種結構模式，總歸就是尋找最適當的方式來說故事，將前後段落的關係控制得當，且有效刻劃人物、表達主題（曾西霸，2011）。

（三）對白本／劇本

對白本就是劇本，也是故事大綱轉換為分場大綱後，以事件、視覺、表演、對白、符號、聲音等大量感官化的元素依場次的推移串聯，最後成為拍攝工作藍圖的階段，是導演、製片和演員手中工作的依據。對白本基本上就是在前端已完成之分場大綱的骨幹上，填上血肉，包括清楚的場景描述、角色的動作與表情、台詞，或是旁白、口白。然而，編劇不需要過度著墨在描述每個場景、角色和活動細節，這既會降低閱讀速度，又占去大量篇幅。如果真的有非常關鍵的視覺細節，那當然要提到，否則的話就儘量做到表達簡潔。通常臺灣編劇普遍使用的劇本格式，可參考以下《樂園》前五場（依分場大綱撰寫）對白本的節錄；劇本中每場戲的內容包括場次、場景／地點、時間、人物／角色、以△註明的場景說明，及以角色註明的對白與動作。

《樂園》對白本節錄

S：1	景：室內—便利商店	時：日
人：映晨、便利商店女孩		

△ 環境聲淡入
△ 一隻女人的手拿著地圖，放到便利商店櫃台上。
　　店員：總共XX元。
△ 店門外車水馬龍，女人走了出來，開了一台車子離開。

S：2	景：室外—新竹市區	時：日
人：映晨		

△ 前景跟著映晨開著車。
△ 夜色漸漸暗下，街燈也一個個亮起……
△ 淡出

S：3	景：黑畫面	時：
人：阿登		

△ 阿登（V.O.）：我想領養小孩。

S：4	景：室內—酒吧	時：夜
人：阿登、聖泰、女吧台員、男吧台員、客人×6		

△ 聖泰面無表情。
△ 阿登露出不以為然的表情。
　　聖泰：剛剛說到我主管，他超神經病的，辭職跑去鄉下開民宿，好險我夠精
　　　　　明，趕緊在那時候報出我的成果書，我跟你講，現在那個位子不是我
　　　　　坐就是……
　　阿登：聖泰，我很羨慕你，你一直以來都平平順順的，現在也組了家庭……
　　聖泰：隔壁掃垃圾的老伯。
　　阿登：讓我把話說完。
　　聖泰：是。
△ 聖泰的臉雖然正經起來，但手上捏著紓壓小物。
　　阿登：我也想……像你這樣。

△ 阿登與聖泰都不說話。
△ 聖泰看一下阿登。

  聖泰：我的媽呀！阿登，你比我那個主管還神經，他開民宿至少還有可能賺
     到一點錢，你沒事好端端的搞這個來讓自己逼死自己啊！

△ 阿登看著聖泰捏的紓壓小物。

  聖泰：你不知道要養小孩的條件比我的報表還多，那是你沒經歷過，我家裡
     養的那隻，你表面看是公主，關起門來是惡魔啊！現在又是金融海
     嘯，又被放無薪假的，而且這一整件事的重點是……

△ 阿登認真看了一下聖泰。

  聖泰：我想借錢。

△ 阿登轉頭裝沒聽到地喝他的酒。

  聖泰：唉～拜託啦，我每天穿著西裝坐在路邊也不是辦法呀，我只能騙我老
     婆說公司就快發薪水了，唉！等一下。

△ 聖泰手機響起。

  聖泰：喂，好，爸爸要回去了，趕快睡搞搞喔，爸爸哪有，好啦～好好好，
     掰掰。

△ 聖泰起身。

  聖泰：我先回家，下次跟你拿喔，拜託你了。

△ 聖泰匆促離開。
△ 阿登彷彿沒聽到聖泰最後一句話而若有所思的在想……

S：5	景：室外—遊樂園	時：日
人：阿登、伊芙		

△ 遊樂園裡的一張靠背椅。
△ 阿登沮喪地坐了下來，一下低頭沉思，一下向後靠著椅子嘆氣。
△ 伊芙抱著洋娃娃，站在阿登面前看著阿登。
△ 阿登看了伊芙一下，隨即假裝沒看到她。
△ 伊芙依舊看著阿登，阿登依然假裝沒看到伊芙。

  伊芙：男生不可以哭哭。

  阿登：哪有。

  依芙：我又不是在說你。

△ 阿登楞了一下，裝作不理伊芙，但是面容卻輕鬆了。

另外便於未來拍攝時間與作品長度的計算，以及可讀性，逐漸有不少編劇採用西式（好萊塢式）的直式寫法，例如下方由義大利電影《新天堂樂園》節錄改寫的範例。好萊塢格式在場次上的標法，就是簡單一行，接下來是場景與時間描述，直接以類似小說的方式描述場景氛圍與人物動作。再來對白置中，人名與對白不同行。整體看起來簡潔直接，讀起來和讀小說的差別不大。透過對白的人名與對白不同行，使對白在劇本中所占位置，自然變成比場景描述更多（至少兩行）。此類格式的應用，可以讓影視產業較制度化地區的製片規劃掌握精準換算：一頁劇本拍出來就是一分鐘。

好萊塢式劇本格式節錄《新天堂樂園》

淡入（Fade in）

1. 外景／內景　　　　　室外／室內（薩爾瓦多的故居）　　　白天 1.
變焦鏡頭（Zoom shot）
室外的海面、陽台、花盆、室內大門、室外桌子上的水果。

薩爾瓦多的母親給遠在羅馬工作的兒子打電話，薩爾瓦多外出，薩爾瓦多的母親要到了兒子的另一個電話號碼。

薩爾瓦多的母親
（著急地）

是的，找薩爾瓦多先生，是的……啊？你不認識他？什麼意思？是的，正是！我是他的媽媽。我從西西里打來，打了一整天的電話……噢……我懂了，他不在那……可否請你告訴我電話……

母親示意坐在身邊的薩爾瓦多的妹妹，薩爾瓦多的妹妹拿筆和紙記下電話號碼。

薩爾瓦多的母親

……656-22-056，謝謝！再見！

薩爾瓦多的母親放下電話。
薩爾瓦多的妹妹把記下電話號碼的紙條遞給母親。

薩爾瓦多的妹妹
媽媽，打電話沒有用……

母親一邊聽薩爾瓦多妹妹在說一邊沉思。

薩爾瓦多的妹妹
（畫外音）
……他很忙，到處跑。他不會記得的，這件事算了吧！

薩爾瓦多的妹妹繼續望著母親。

薩爾瓦多的妹妹
……他已三十年沒回來……你知道哥哥的為人……

母親戴上老花鏡。

　　再者，對白的發展源於結構與故事各要素的相互作用，通常對白的設計必須與故事的發展緊密結合，更需符合影視創作的基本屬性。就對白的功能與原則，以下提供參考：

　　1. 對白要有對象地說，避免自言自語或心中無限的旁白（Voice-Over，簡稱V.O.）。

　　2. 對白要有目的地說，表達角色的慾望或是心意。

　　3. 對白要有延續性，也就是讓其他角色或觀眾心中有話可接。

　　4. 對白可以創造衝突性，特別是當對話人的立場、身分、期望或目的之間有巨大差異時，對抗性就更強烈。

　　5. 對白中可設計關鍵詞句、潛台詞或是言外之意。

　　6. 對白既是角色間的對話，就需口語化，但要避免零碎冗長。

　　7. 故事人物一定要講他自己的話，即符合特定的性格、性別、出身、教養、職業、年齡與所處的具體環境，而非只有編劇自顧自地一種聲音的對話。

8. 對白要有必然性，也就是要有助於推動情節發展、揭示人物性格，但並非用來交代情節、背景等。

9. 避免用對白解釋畫面，名詞前面少帶形容詞，動詞前面少添副詞。因為當你考慮用一個副詞來修飾人物動作的時候，你可能又要為表達這個具體動作的畫面花費時間。

二、非劇情片

雖然普遍微電影的製作，多以故事劇情片為呈現形式，非劇情片或紀錄片則常被採用作為議題探討的形式。當畢製團隊有了一些可能的題材之後，下一步就要評估它的可行性，在前製作業擬定拍攝計畫的同時，也需考量素材來源豐富與否、實際執行的難易度、目標觀眾、可能達成的議題效益或引發的影響、所需預算金額、經費來源、未來播放的管道等。此段落則接續拍攝計畫中的資料蒐集開始，在進入擬定拍攝腳本的階段前，仍需要掌握的步驟再做簡述。

（一）資料蒐集／前置研究

1. **文字資料**：依題材而有不同的資料搜尋範圍，網路、平面媒體報導、相關學術論文、書籍都是可能的來源。而這些資料有的將來可能會成為影片闡述的內容，有些則只是參考用的背景資料，但通常在前置研究的階段比較不會限制資料的範圍，而會比較廣泛地去蒐集。

2. **預訪**：事前針對影片中可能的主要角色、相關人物、學者、公部門等可能的受訪者進行預先訪問。其功能包括：得到第一手訪談資料，由訪談過程以及內容中獲知更多資訊的來源，拉近與受訪者的距離，某種程度消除開始拍攝前的陌生感，瞭解被拍攝者的表達能力以及未來在攝影機前可能的表現。

3. **勘景**：紀錄片題材來自於現實世界，也必然牽涉到現實的場景。在事前必須到未來可能拍攝的地點進行勘察瞭解，熟悉當地的空間以及影像／

聲音上的可能性，為未來的拍攝預作準備。為了讓拍攝計畫更為詳盡，更具有說服力，可在前置研究的階段就著手進行勘景。

4. **影像資料**：除了自行拍攝的影像之外，很多時候會需要使用到過去已經存在的影像資料，例如：老照片、新聞片、檔案資料片、其他影片（含劇情、紀錄、動畫等）、圖像（畫作、平面廣告、海報等），以及原始手稿／文件等文字資料。

5. **聲音資料**：紀錄片既是音畫的結合，聲音資料也是重要的元素，例如：廣播錄音、原始的錄音檔案、傳統歌謠等，有時會是敘事上的重要素材，有時則可以用來塑造影片的氛圍。

（二）撰寫腳本

英國紀錄片先驅John Grierson曾定義紀錄片是：「對真實的材料進行有創意的處理。」紀錄片所追求的是真實的記錄，因此在拍攝前無法像劇情片有明確的拍攝腳本。然而無論如何，腳本就像建築的設計圖一樣，是製作時的重要參考，所以，某些紀錄片類型仍需要做規劃與拍攝腳本或大綱，尤其是像可預期的活動、集會或示威遊行等較能掌控的題材，作為所有工作人員，包括製片、導演這些核心工作者，進行拍攝工作的參考，以及工作人員彼此之間溝通的依據，也才可避免和事先想像的相去甚遠。

紀錄片的劇本依據不同工作階段可分為兩種，一是拍攝腳本，另一則是在拍攝工作完成後的後期製作劇本。拍攝腳本就像是旅程中隨身帶著的地圖，引導我們進行紀錄片前期的調查，讓故事輪廓浮出水面，並為拍攝工作提供視覺指南。編劇對於主題題材所掌握的訊息與資料，可影響拍攝腳本是否需要詳細或簡略。拍攝腳本是就製作前期時考量，應該是很概念性的、描述性的，不會深入到製作細節中，除非是故事需要，但需要為進一步闡述留足空間；當中可包括記錄對象的鏡頭應用、解釋、場景切換、以及其他製作細節。此間就以足球紀錄片《屏日球緣》的前五場大綱為範例，內容大綱的部分是就將要拍攝的活動事件或主題，也對影像與聲音部分需要掌握的，以團隊習慣的溝通模式做行前的規劃。

表3 《屏日球緣》拍攝腳本分場大綱

順序	內容大綱	影	音
1	下岡原地踢球（屏東市區）	屏東市拍的4～5段，最後從陸興門口踢球轉場	輕快music
2	下岡在陸興中學陪同球隊練習與指導	Fade in; fade out	訪談：日本和臺灣的足球差異
3	小港機場晁博士接機片段	機場接機	訪談：為何想回來臺灣
4	下岡在家準備訓練課程	晁博士家裡準備	訪談：來之前的準備
5	日本足球經驗讀書會	陸興讀書會討論畫面	

　　後期製作腳本則是拍攝腳本的最後版本，通常是在紀錄片拍攝和剪輯期間的修正版劇本、甚至是重新寫過的腳本，後期製作腳本既有在拍攝階段蒐集到的聲音、影像概念元素，也要有拍攝過程中製作團隊的所聞所感，才能將這些元素編織進一個電影化的故事中，以便於工作者將其剪接進紀錄片中。後期腳本通常會包含相對詳細的鏡頭和動作、聲音或字幕的說明。以下為《屏日球緣》的後製剪接腳本前五場，相較於前方的拍攝腳本就包括更詳細的後製操作規劃。

表4 《屏日球緣》後製製作腳本

順序	Timecode	畫面	字卡內容	形式	日文
1	00:00:08（fade-in）～00:00:26（fade-out）	鈴鐺後半	雖然政府曾將2002年訂為足球元年，足球在臺灣始終未能形成主流的運動文化。整體環境而言，足球培訓人才、軟	事件說明畫面下半方、白字、置左	台灣政府は2002年をサッカー初年と規定されたが、サッカーは台灣では主流なスポーツ種目にはなれなかった。

順序	Timecode	畫面	字卡內容	形式	日文
			硬體等各項資源的缺乏，使得足球在臺灣仍未能大幅推展。		原因としては、全体的には、指導者、設備等の資源が不十分しているからである。
		開門前半	然而，地處國境之南的屏東，在許多地方熱心人士的奔走推動下，足球運動在縣內中小學已逐漸推展開來。即使在經費、硬體、師資等有限資源的情況下，代表屏東的隊伍在各級賽事中屢獲佳績。	畫面下半方、白字、置左	しかし、国境の南である屏東では、多くの地域の方の協力のおかげで、小学校や中学校でサッカーが普及しつつある。限られた活動費、設備、指導者の中、各級の大会で優秀な成績なを納めている。
		開門後半→經過桌椅	下岡尊緒（Takao Shimooka），一位來自日本川崎市，國士館大學四年級的大男生，曾在2015年於臺北的中國文化大學擔任一年的交換生後，就此愛上臺灣，特別是熱情的國境之南——屏東。	畫面下半方、白字、置左	下岡尊緒の出身は、神奈川県川崎市で、現在は国士舘大学の4年生である。2015年は、臺北にある文化大学に交換留学を経験した。それを機に、台湾のことが好きになった。特に国境の南である屏東。
		經過桌椅區	因此，下岡盼望能以自己最熱愛的足球，來回應國境之南的屏東給他的擁抱。	畫面下半方、白字、置左	そのため、下岡は自分の大好きなサッカーで、屏東に恩返しをしたいと思った。

順序	Timecode	畫面	字卡內容	形式	日文
2	00:01:27	下岡白衣單人	參與屏東足球推廣計畫的初衷。	訪談主題；畫面下方，字幕左上方	屏東のサッカー普及計画に参加する初心。
3	00:02:00	下岡盯著筆電	從未有教學經驗的下岡，決定以暑期小學生的足球營，作為足球推廣的第一站。	事件說明	サッカーの指導経験のない下岡は、サッカーの普及計画の第一歩として、小学生の夏期サッカーキャンプを行なった。
		下岡特寫→手寫	即將面對什麼樣的小朋友？對於足球喜愛的程度？得怎麼把話說得讓他們聽得懂？此間也只能帶著忐忑的心準備課程……		どんな小学生がくるだろう。彼らはどれくらいサッカーが好きだろう。彼らと上手くコミュニケーションとれるだろう。といった不安を抱えながら準備を進めて行くしかない。
4	00:02:09	德協大雨景→兩人等待	德協國小足球夏令營的Day1，就在午後傾盆大雨中開始……等待小朋友的出現。	事件說明	德協小学校で行われた夏期サッカーキャンプの初日は土砂降りの中開始した。小学生を待っている。
5	00:02:17	兩人踢球	再等一下……（先熱身吧!!!<--綜藝字體）	事件說明	もうちょっと待ってみよう

即使部分紀錄片工作者認為拍攝非劇情片或是追求捕捉真實的紀錄片，是必須隨機的，強調團隊對突發狀況的應變能力，所以不應該預先撰寫好腳本再來拍攝，否則就失去那真實特質。然而在就題材、主題進行田野調查或資料蒐集後，哪些是必須掌握的記錄，或是要接觸的人、地、物等，需要挖掘些什麼，仍是需要做好事前的拍攝規劃。拍攝腳本，以至於找到最適當的結構呈現所拍攝影片而擬的後製製作腳本，所包含的內容與註記，雖然沒有必定的格式，通常依拍攝團隊溝通習慣而做，仍是個讓製作過程事半功倍的準備。這樣，就有必要從一個寫得很好的劇本開始，不管在拍攝過程中是不是發生變化。通常事先準備好腳本會影響到紀錄片的好壞。

第三節　總結

　　本章以拍攝微電影為畢業製作的學生團隊所需考量的面向出發，提出在進行創作前需預先準備的重點提示。不論長度、規模、風格或類型，通常必須是團隊共同的投入，在不同的崗位上各司其職，且共同歷經摸索尋找磨合期、前製作業、實際製作、以及後期製作階段的同心協力。因此在啟動畢業製作之初，有意合作的同學所組成的團隊，就必須先確立將以微電影或短片（視各領域之習慣用語而異）為畢業製作作品形式，當然團隊也可能因為拍微電影而事先組成。團隊形成後就是確立拍攝影片的目的，團隊成員也許有想共同實踐的故事或劇本，透過純粹創作為理想、為議題發聲，或瞄準特定競賽、行銷宣傳目的而拍攝，如此大致工作走向明朗化，有利於後續的準備工作。

　　微電影製作的前製作業籌劃，必須與選定的題材與影片形式並行考量。除了是否是既有而團隊有意願繼續發展的故事，或是由成員腦力激盪而產生的主題，也必須考量以如何形式來執行如此的作品；劇情片需要進入故事結構、場景發展，對白腳本的發展，而非劇情片則可能會需要進階的田野調查與資料蒐集整理，而規劃拍攝腳本，但無論哪種方式，都必須考量想法與現

實的距離，也就是題材與形式以團隊可以掌握的資源與能力，是否足以完成作品。

　　再者，團隊成員的工作分配，在這階段需要有成員負責統籌工作或製片職責，將題材、構想、影片類型、呈現形式、甚至經費分配等資訊，以文字落實擬定一份拍攝計畫。拍攝計畫提供了一個工作藍圖，也讓團隊成員可以進入正式的拍攝前製作業。製作團隊的工作職掌與分配，導演與製片的重要性，以及相互部門間的溝通聯繫，將在下一章進行討論。

 習題

1. 在進行製作影片之前，需要擬定拍攝計畫。請說明撰寫拍攝計畫的目的，以及在籌劃過程的重要性為何？
2. 試討論拍攝劇情片與非劇情片（紀錄片）的準備工作有什麼差異？各自的關鍵步驟與考量又為何？

參考文獻

布魯・柏拉克著，廖澐蒼譯（2016）。**用視覺元素說故事：創造電影、電視與數位媒材的視覺結構**。臺北市：五南。

施百俊（2016）。**故事與劇本寫作：文創、電影、電視、動漫、遊戲（二版）**。臺北市：五南。

Syd Field著，曾西霸譯（2008）。**實用電影編劇技巧**（二版）。臺北市：遠流。

曾西霸（2011）。**電影劇本結構析論**。臺北市：五南。

8 微電影製作的人與事

朱旭中

聚在一起只是開端，保持團結才有進展，真正協力合作則是成功。（Coming together is a beginning; keeping together is progress; working together is success.）

—— 亨利・福特（Henry Ford）

　　本章以美國汽車工程師企業家，同時也是福特汽車公司創辦人亨利・福特的名言開始，目的是強調邁向成功的路途，團隊成員的分工合作、同心協力才是關鍵因素。微電影的製作，除了展現年輕人的創意、講究說故事的能力、以及製作技術的熟稔應用，更是需要團隊的共同努力達成，不論是兩、三個人或是二、三十人的團隊，或是工作職責的區別，即使是個看似微小的攝影或燈光助理，也是不可或缺的。換句話說，微電影或短片的製作，必須是團隊同心協力才能增加成功的機率，達到最完滿的結果。因此，製作影片的過程，也是管理團隊力量與資源的課題。實際上，畢業製作也好，平時影片製作練習也好，過程中大多數的挑戰是來自於人；少數成員對於自身工作職掌的概念模糊，相互期待存在明顯落差，甚至有時的越俎代庖、怠忽職守的情況，讓團隊耗去不少該放在製作的心思和力氣在人事管理上。本章將針對製作的人與事 —— 工作分配與職責，扼要說明與提醒。

　　一部影片的完成，通常是一個團隊的工作人員共同付出。對於工作人員規模的需要，也依影片的規模與複雜的程度而有

所不同，可以是上百人的製作團隊，也可以是三、五人就能完成的規模。就製作微電影或短片的規模考量，通常會包括編劇、製片、導演、演員、攝影、燈光，其他視覺設計面向、成音，以及後期製作等幾個重要部門，如圖1所示，不論工作人員的多寡，每個部門的工作都是關鍵。在畢業製作團隊組成、製作方向、形式確立後，就必須在工作分配與職掌達到共識，以確保每一位成員都能就職責進行各環節的準備工作。接下來就各部門的工作職責分別說明。

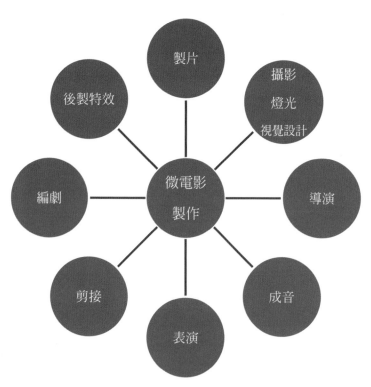

圖1 微電影製作團隊工作分配與職責

第一節　編劇

編劇（Screenwriter）主要負責的工作是以文字，將意念和抽象的概念轉換成為故事，當中含有明確主題、情節鋪成、人物塑造、敘事結構，有時甚至包括表現形式的呈現等，為微電影拍攝工作做好可參照的藍圖。編劇於畢製的開始階段即參與籌劃，掌握作品想傳達的概念，建立故事發展的前提或條件，同時將抽象的意念推向具體的故事梗概或大綱，好讓團隊的其他工作人員，特別是製片組的成員，能依故事大綱啟動籌備事宜。

擔任劇本編寫工作的編劇，可以是一人單獨作業，或由多位編劇參與，分別負責台詞與場景的編寫。劇本編寫也可以是編劇與導演協力進行，當然編劇也可同時肩負導演工作，在拍攝時就更能掌握劇本原意。畢業製作的工作團隊，通常部分成員會擔任多項工作，由於編劇的工作屬於前製階段的工作，且學生製作的人力通常緊繃，因此，擔任編劇的成員在拍攝階段通常還會擔任其他工作。

電影編劇在進行劇本發展與撰寫時，應以視覺化思維來考量，換句話說，不同於小說或舞台劇劇本，電影劇本的文字是可以轉換成為影像與聲音的。關於編劇的步驟與原則，已於上一章第二節「編劇與腳本撰寫」部分說明，此處不再贅述。

第二節　製片

製片（Producer）的工作可以說是多重角色的扮演，是一部影視作品的幕後推手、總務主管，也是組織管理者。簡單來說，製片（組）的工作職責就是輔助導演，提供團隊資源，甚至尋覓資金來源，處理一切難題以完成影片的拍攝，可能是一部電影製作過程中最早進來、最晚離開的人（Wiese, 1998）。在學生製作團隊進入前製階段，除了關注常放在編劇、導演身上，也必須有成員肩負起製片的工作，製片籌劃與故事的發展需要同時進行。

知名製片人葉如芬以個人多年經驗與觀察，認為想擔任電影製作人，需要具備十大人格特質：製片要善於溝通、要有冷靜的頭腦、強壯的心臟、足夠的精力，同時也要對數字敏銳，細心且不怕麻煩，還要有領導者氣勢。更重要的是，製片必須要認同製作方向且瞭解劇本，以及對於拍片的絕對熱情（葉如芬、吳凡，2006）。

製片的工作職責，通常是由一人擔任統籌（製片），且多人共同分擔（執行製片、製片助理等）。依影片製作的階段，製片會有不同的工作重點，大致工作職掌內容如表1所示。

表1　製片工作職掌

製作階段	工作內容
一、開發期	1. 協助尋找、蒐集拍攝題材。 2. 督促（編劇）完成電影劇本。 3. 進行整體企劃（請見前一章關於「拍攝計畫書」之討論）。 4. 初步擬定資金籌募方式，可以是團隊自籌或對外籌募。
二、前製籌備期	1. 分析劇本以製作預算，確認資金來源或投資者，如適合也可洽談贊助者（請參考表2「劇本分析表」和表3「預算概算表」）。 2. 組成工作團隊與工作分配、試鏡選角、勘景、規劃與召開會議，與行政作業，並完成團隊成員與演員之工作合約。 3. 督促各部門準備工作，包括造型服裝、演員試妝、定裝；場景設計、美術道具；器材租借、演員排練等工作。 4. 後製工作規劃，如需要也可進行行銷規劃。 5. 試拍。 6. 排定拍攝進度（請參考表4「工作計畫表」與表5「拍攝計畫表」）。 7. 支付工作人員與演員前期酬勞或津貼（如有編列）。 8. 製作發出通告（請參考表6「通告單」）。

製作階段	工作內容
三、拍攝期	1. 發放各式薪資酬勞，器材租借費用。 2. 監督現場所有大小事項，掌控人員與進度。 3. 控制總預算，注意資金運轉平衡。 4. 注意現場導演、演員、工作人員的情緒與狀態。 5. 如果是已談定的商品結合（行銷影片），需提醒導演拍攝配合。 6. 側拍劇照、拍攝花絮以利宣傳。 7. 應變狀況，試想備案，特別是會受天氣影響或使用特殊器材。 8. 注意記憶卡使用程度。 9. 提醒導演、攝影師看帶，以防需重／補拍，可即時安排補拍時間。 10.確認場記每日工作報表，以瞭解每日工作行程與細節。
四、後製期	1. 當拍攝完成二分之一時，即可開始順剪。影片拍攝全數完畢時，則安排導演和剪接師開始剪接。 2. 剪接第一稿完成，可安排製作音樂的人開始設計音樂。 3. 若有電腦繪圖（Computer Graphics，簡稱CG）特效，則要開始輸出讓特效或CG公司開始製作畫面。 4. 特效完成則作聲音、音樂授權。 5. 片頭、片尾、對白字幕開始聽稿編寫翻譯製作。 6. 套本片後安排導演、攝影看片、調光。 7. 督促混音、拷貝。 8. 製作影片預告。
五、宣傳發行期*	1. 海報與文宣製作（視微電影／短片作品展演規劃而定）。 2. 宣傳／預告影片製作。 3. 展演（公開播放）規劃，如播放場合、網路平台等。 4. 參賽報名與相關文件準備。 5. 異業結合、周邊商品。

*註：學生畢業製作不一定會進入宣傳發行期，通常視團隊對於作品製作目的而考量或設定。

製片工作含括林林總總的任務，最重要的是必須發揮管理功能，除了能力與經驗的累積，也必須仰賴各類不同功能或目的的文書表格、日誌，才能有效地進行規劃與溝通，以掌控每一個環節的進度。以下舉出四種表格，製片工作在前製籌備期間常需使用的協助工具。第一種是在估算製作預算與其他所需資源時使用的「劇本分析表」（表2）。在進行劇本分析與分解的工作時，可於劇本上作註記，以不同的顏色標記時間（日／夜）與場景類型（外景／內景），以及每一場次各種需要準備的資訊，再將這些資訊填入「劇本分析表」，如此就能建立資訊系統來掌握拍攝需要的資源、人員、數量等，同時也可粗估經費上的需求，作為籌募經費的參考，也有利於後續工作的排程。

表2　劇本分析表

色碼： 日／外景→黃　夜／外景→綠 日／內景→灰　夜／內景→藍		製作團隊：		日期：
				分析表頁數：
		片名：		劇本頁數：
場次：		場名：		內景或外景：
場景描述：				日景或夜景：
演員			特技：	
			臨演／無對白：	
特效：		道具：	車輛／動物：	
服裝：		化妝／髮裝：	音效／音樂：	
特殊器材：		特殊註記：		

　　劇本分析表將拍攝劇本每一場戲所需細節資源都掌握後，製片就能依據分析表中所列需要分類而進行預算的概算，完成類似以下以學生製作需要項目考量的「預算概算表」（表3），以便規劃資金來源。學生畢業製作通常為必修學分，更是畢業門檻，因此每一位成員，不論擔任的工作為何，都會

是無償參與，而自發性的製作則更是如此。換句話說，預算編列時，也就不會將所謂的工作人員費用（如導演、編劇、製片等費用）納入預算考量，但是其他需要經費以推動的項目都需列出。製作經費來源也許是由團隊成員自籌，或由所有成員平均分擔。如果以往作品集的表現已展現既定品質水準，也可能尋求、洽談投資者或贊助者，例如：跟廠商業主或機構合作、透過影片或劇本創作比賽提供的補助，使得製作資源可更加充足。

表3　預算概算表

片名：　　　　製作單位：　　　　　製表日期：　　　　　製片：

編號	項目	說明	預算金額
籌備與前製期預算			
1	田野調查	交通、訪問、資料、照片、建檔等費用	
2	膳宿費	住宿、用餐等費用	
3	辦公行政	文具、電話、傳真、電腦、影印等費用	
4	勘景	檔案、照片等費用	
5	交通	車票、加油費、過路費、租車等費用	
6	雜支	試鏡、排演、餐飲等費用	
籌備與前製期預算小計			
攝製期預算			
1	演員片酬	主要、次要、特約等費用	
2	臨時演員	臨演、替身、特技演員等費用	
3	設備器材	攝影器材租金、燈光器材租金、錄音器材租金等費用	
4	布景	布景租借、購買、製作費用	
5	道具	道具租借、購買、製作費用	
6	服裝	服裝租借、購買、製作費用	
7	梳妝	化妝品、髮妝品等特殊耗材購買	

編號	項目	說明	預算金額
8	場地租金	拍攝場景租借費用	
9	攝影棚	攝影棚租借費用	
10	攝影材料費	底片、記憶卡等費用	
11	其他耗材	燈光色溫紙、柔光紙、夾子、攝影清潔罐、清潔用品等費用	
12	保險	道具、場地、人員保險費用	
13	醫藥費	演員、工作人員醫藥用品等費用	
14	雜支	影印費、交通費、文具費等其他支出	
		攝製期預算小計	
後製期預算			
1	剪接室	剪接室租借費用	
2	音樂	音樂版權購買	
3	錄音室	錄音室租借等	
4	字幕費	影片字幕製作費用	
5	保險	工作人員、演員等之平安保險	
6	雜支	影印費、郵寄費、文具費等其他支出	
		後製期小計	
總預算新台幣_____元			

　　在經費資源估算規劃以外，另一重要課題就是時間與人力的管理。影片製作的工作會歷經許多人、事、時、經費等排列組合與調度，因此在草擬拍攝計畫書的階段，可以「工作計畫表」（表4）來進行時間與進度的規劃掌控，將前製、拍攝到後製各時期的主要工作與所需的時間分別列出，也有利於時間安排適切性的評估。表格中工作內容項目也可依團隊實際製作的需求加減項目。

表4　工作計畫表

製表日期：　　　　　　製表人：　　　　　　頁碼：

週＼工作內容	第1週 月 日至 月 日	第2週 月 日至 月 日	第3週 月 日至 月 日	第4週 月 日至 月 日	第5週 月 日至 月 日
一、前製期					
企劃書撰寫					
分鏡表繪製					
人員、演員聘用					
勘景					
器材租借					
二、拍攝期					
室外景階段					
室內景階段					
補拍					
三、後製期					
畫面剪輯					
上音效、音樂					
片頭、片尾、字幕					
影片完成					

　　進入實際拍攝工作前，製片最主要的任務就是協調時間、人力、經費與資源以擬定「拍攝計畫表」（表5），將每一個工作天的需求與細節規劃完成，工作天數與工作人員項目則以團隊實際需要而調整。另外，「通告單」（表6）則是對所有參與的成員，包括工作人員與演員、臨時演員等，實際參與的工作資訊，包括拍攝日期、地點、交通、集合／到達時間，以及當工作日計畫拍攝的內容。這些看似瑣碎、無止盡的紙上規劃與記錄，都

是讓製片工作能夠系統化地將所有部門人員的投入，以有效地完成預計目標，尤其是當製作規模涉及較多工作人員時，這些文書步驟能讓每一位工作人員在統一步伐上，依自身職掌做好拍攝準備。

表5　拍攝計畫表

製表日期：　　　　　　　　製表人：　　　　　　　　頁碼：

工作天			1	2	3	4	5	6
日／夜								
內／外								
分景清單頁碼								
劇本頁長								
場號								
景名								
導演								
製片								
攝影								
劇本脫稿日期								
劇中人名	編號	演員姓名						
主要演員								
特技演員								
臨演人數								
動物								
交通車輛								

工作天		1	2	3	4	5	6
道具							
陳設							
化妝／梳裝							
特殊器材							
音樂／音效							
備註							

表6　通告單

年　　月　　日　　第　　天／共天　　　天氣預報：

拍攝日期	集合時間	集合地點	出發時間	拍攝地點	預定收工

導演	副導	製片主任	攝影	燈光	收音	美術	梳化	道具	場記	

時間	地點	光	內外	場次	內容	頁數	角色／通告時間	小A	小B	小C	臨演	群眾	備註

道具備忘	服裝備忘	其他注意事項

雖然製片並不一定直接參與影片創意執行的部分，卻是影片製作團隊中與導演同等關鍵的工作，以上所舉的幾個常用表格，是製片工作常使用的工具。除了傳統課程的教導與範本參考，現今已有無數民間組織致力推動微電影製作學習資源，如中華微電影產業創新發展協會和臺灣微電影創作協會；網路上也可輕易地找到可參考的範例及好用的工具，例如：由得利影視股份有限公司成立的「in微創影像創作平台」（in movie），或是Youtube、優酷網等新媒體平台，這些都讓製片與團隊能夠更快速地就緒。製片的工作，總結來說，就是協助導演完成作品，實現拍攝計畫。

第三節　導演

　　如果將電影製作團隊比擬為一個軍隊，那麼導演（Director）就是軍隊的將軍，他的任何決定都會影響整個製作的藝術水平和經費運用。導演除了需要瞭解製作目標、理念及需求，掌握劇本的形成與品質，以及負責文字影像化的設計，更需要與製片、演員、攝影、美術等製作組合共同工作，才能獲得理想效果。導演要懂得應用柔軟身段、彈性的處理方法、聆聽別人的意見，也必須明白「時間就是金錢」的道理。

　　另一方面，導演通常被認為是負責發揮創意，為影片帶來成就，且被視為影片的作者（法文auteur）。法國新浪潮代表人物楚浮於1954年的《電影筆記》（*Cahierts du Cinema*）撰文，與其他同期新浪潮導演主張「作者政治」（la politique des auteurs），認為導演之於電影，就如作家之於小說，這也是「作者論」的濫觴。作者論（Auteurism）一詞與論點則是由美國電影理論家Andrew Sarris提出，他認為作者論的關鍵之一在於觀眾是否能在某個導演的系列作品中辨識出導演的個人印記，猶如小說家、作曲家、畫家筆觸、落款。作者導演的作品，也許其運鏡風格或場面調度（mise-en-scene）有一貫性；曾創作一系列的作品，其主題亦有一貫性；或是導演的世界觀呈現統一的視野（vision）（劉立行，2014）。日本導演小津安二郎就以其

作品中日本居住空間，以及榻榻米的水平運鏡視野以表達日本庶民的世界為名，而黑澤明最擅長的是以日本風格詮釋如莎士比亞的《馬克白》、《李爾王》等的西洋戲劇鉅作。

　　回到學生畢業製作的情境，雖然製作團隊裡每一位成員的付出都很重要，普遍仍對導演有所期待。當製片的功能良好發揮時，才能讓身為團隊總指揮官的導演專心引導執行創意的部分。從前製時期主題選定、編劇、分鏡與視覺設計，拍攝工作、後製階段的剪接，以及後製的各項工作，導演都需要與各階段工作人員密切合作。以下羅列八個重要的工作面向，以提供導演、導演組成員與工作人員準備的參考。

一、與團隊選擇創作題材，以掌握製作的目標與型態

　　團隊成員對於題材進而發展成為劇本的優劣，各有不同看法。導演與團隊可考慮以下幾點來決定創作主題、題材、影片型態，尤其未來將是由導演負責實現作品的將軍：

　　　1. 主題或題材有什麼特點？

　　　2. 劇本發展對觀眾、演員及導演有沒有挑戰性？

　　　3. 角色有多少？是否有足夠的演員或可以演出某角色的演員？

　　　4. 是否已有適合題材／劇本拍攝的場地？

　　　5. 是否能籌措需要的經費？

　　　6. 是否有足夠的各項人力、器材設備？

　　　7. 是否有足夠的時間準備？

二、與編劇商討劇本的演繹，協助編劇進行劇本的發展與撰寫

　　協助編劇負責劇本發展的過程中，導演也需關注掌握：

1. 劇本的時代背景、情境，或是有關政治、經濟、社會、道德觀念等問題均需多加瞭解，並作必要的資料蒐集。

2. 故事的起、承、轉、合。

3. 劇本的主題和結構。

4. 每一場戲的氣氛和節奏的快慢。

5. 劇本的語言和風格。

6. 每個角色的背景、關係、行動、目的及發展或轉變。

三、與選角統籌遴選與角色分配

選角是一個很重要的階段。如果角色分配得好，對演出將有極大幫助；如果選錯了演員，演出將會大打折扣，排練也會倍感困難。而這個過程，導演必須參與且作決定。遴選演員的方法普遍有三種：

1. **公開遴選**：演員自己可以選擇喜愛的角色參加遴選。

2. **邀請遴選**：導演可邀請某位演員做個別試鏡。

3. **指定角色遴選**：導演指定某演員遴選某一或某些角色。

遴選可分為初選及複選，導演作出最後決定後就可以宣布角色的分配。在某些情況下，導演可能需要考慮A、B角的分配，或者後補演員的分配。

四、與演員進行溝通、劇本排練

就劇情片而論，導演之於演員，主要為啓發、協助演員有最好的表現，導演與演員的關係可以是教師、朋友、啓發者及批評者。身為導演要能控制及啓發各種不同的演員，如必要而批評時要提出解決辦法，避免因為負面評論而引起演員、甚至工作人員的反感和不安。而為了能夠讓實際拍攝工作順暢，劇本排練是不可或缺的環節。導演對劇本的瞭解與工作人員的熟練程度會影響排練時間的增減，而工作人員的熟練程度會影響排練時間的增減。劇

本排練過程通常分為以下階段：

1. **開場白**：介紹作者、劇本、設計、導演意圖等。有些導演會做遊戲或即興練習等。

2. **圍讀**：可圍讀一至三次，全部演員在場。

3. **粗排**：將劇本分開若干大段落排練。

4. **掉本排練**：要定下日子掉下劇本排練。

5. **細排**：集中排練「關係」、「潛台詞」、「意思」、「角色發展」及「節奏」等。

6. **串排**：以上3、4、5各階段均應有不同的串排。最好不要打斷排練。可先寫下問題，排練後再討論。

在正式拍攝前，導演都可以作任何排練上的最後決定，排演時，導演的位置應轉換，從觀眾的角度看戲及留意觀眾對演出的反應。導演應保持冷靜及理性的反應，堅持演員照排練的情況演出，任何修改應得到導演的同意。排演的同時，導演也必須想像未來拍攝畫面的呈現與傳達的訊息、情緒。如果可以，導演需瞭解布景設計及風格，以及各個場景特性，才能在調度時留意人物構圖、人物之間的關係、畫面與布景，以及道具等關係，才能讓場面調度顯得自然。

五、製作分鏡視覺化劇本

在影視製作的流程中，導演最關鍵的工作就是將劇本視覺化。拍攝之前，導演可藉由「分鏡劇本」（storyboard）的繪製，與負責視覺設計的攝影或相關工作人員進行溝通。分鏡劇本又稱導演劇本，是將劇本的文字描述轉換成一系列可以攝製的鏡頭，由導演根據文學劇本提供的思想與形象，為劇本中的生活場景、人物行為及人物關係具體化、形象化，將未來影片中準備塑造的聲畫結合的銀幕形象，通過分鏡設計的方式予以體現。分鏡劇本是導演為影片設計的施工藍圖，也是影片攝製組各部門理解導演的具體要

求，統一創作思想，安排拍攝日程計畫和測定影片攝製成本的依據。分鏡的繪製可由導演親自操刀，或由繪圖技巧佳的夥伴協助製作，分鏡表的格式則可依製作團隊的習慣調整，只要掌握了必須呈現的內容與資訊，如以下分鏡表範例所示，基本資訊包括場次／鏡次、畫面、運鏡說明、聲音說明、特效／字幕，以及拍攝長度。

表7　分鏡表範例

分鏡表

FILM STORY BOARD

PAGE NO: 1/5

場／鏡		畫面說明	聲音說明	特殊技術	呎／秒
1/1		狗狗興奮地衝向鏡頭。（still; MS→CU）	熱情的西班牙鬥牛舞曲響起（喇叭吹奏）	背景霧氣瀰漫	3 Sec
1/2		女主角舞動著大型毛巾，和狗狗玩起鬥牛的遊戲。（LS）	舞曲音樂繼續	些微霧氣	5 Sec
1/3		狗狗追逐毛巾，撲向毛巾上的貓咪（圖案）大戰。（CU）	舞曲音樂繼續增加觀眾喝采聲		2 Sec
1/4		女主角表情反應鏡頭（CU）	舞曲音樂觀眾喝采聲		3 Sec

場／鏡		畫面說明	聲音說明	特殊技術	呎／秒
1/5		女主角與狗狗嬉玩，狗狗被女主角揮動毛巾，把狗狗逗得暈頭轉向，疲於奔命。（LS）			5 Sec

六、與攝影溝通視覺呈現

　　導演和攝影（攝像師或攝影指導）之間的關係非常重要，在正式開拍之前，花時間與攝影溝通是必須的，讓攝影知道每一個場景需要表現的氛圍、情緒、以及刻劃這一切的複雜性，這些可以讓雙方相互理解，提高團隊效率，也有利於影片的拍攝。雖然攝影主要任務是負責成像技術層面，導演仍需要對攝影機、鏡頭、輔助器材和基本攝影知識有所瞭解，才能懂得怎麼表達，也才能讓攝影組快速理解。

七、與美術相關部門保持溝通管道暢通

　　導演要與不同的美術緊密合作，包括布景、燈光、服裝、道具、化妝等。電影是綜合藝術，需要各部門合力創作，才能達到理想效果。拍攝影片類型、布景設計、經費、或是導演意圖都會影響設計，而最後的演出要和各個不同單位達至統一和諧。

八、與製片及幕後工作人員保持良好關係

　　當然，拍攝團隊中最關鍵的環節，就是導演必須與製片時常溝通。藝術立場與行政立場很容易產生問題和矛盾，要衡量輕重去堅持和讓步，導演不能忽視幕後工作人員的重要性，要瞭解及配合不同部門的工作，導演要與製片及各部門籌劃排練及工作進度的日期表。最重要的是，導演要懂得自我檢討，也要能夠接受正確的批評。能多看好的作品啓發，更能培養出判斷好壞的能力和尺度。

　　導演作為電影團隊之首，當中當然要分身，以便與不同的部門溝通和工作。因此，如果團隊人力允許或是有所需要，導演組也可設置副導與場記。副導是導演的主要助手，協助導演完成影片的藝術創作和拍攝工作。因此，副導的第一要務就是要充分瞭解導演的創作意圖，與製片配合，再協助導演執行他所賦予的任務。

（一）副導

　　副導（Assistant Director，*也有稱助理導演*）的工作職務範疇大致可包括：

　　1. 協助導演進行分鏡劇本的編寫。

　　2. 前製作業期協助導演選擇演員，根據影片需要，蒐集相關的參考資料；聯繫服飾、化妝、道具等部門的創作設計，以及選看外景、排戲等工作。

　　3. 進入拍攝期，根據導演的安排與指示，檢查拍片現場的準備工作，例如：確保每個演員與拍攝人員能夠確實出席，在指定的時間到指定的地方去，並協調演員和拍攝人員的活動，使他們每個人能在拍攝前做好所有的準備工作，確定需要的道具和設備都有如預定計畫一一地準備好，以保證他們能達到導演的要求，有效地執行計畫。

　　4. 協助導演場面調度，確定場面調度中所需要的場景、道具、服裝、演員等，達到導演的要求，並在拍攝時期協助調度臨時演員或群眾演員。

5. 必要時會根據導演的安排，分工指揮拍攝次要的場景鏡頭。

由以上的職務看來，副導的工作就是要協調各部門的人員，因此必須有良好的溝通能力、堅定的意志力與良好組織管理的能力，才能確保拍攝效率。

（二）場記

場記（Script Supervisor）的主要工作是負責確保影片的連戲，包括場景、道具、動作走位、台詞、服裝等連戲。在拿到定版的劇本之後，場記必須熟讀劇本上的動作和台詞，因為現場的工作繁雜，身為導演組的一員，唯有熟悉劇本，才能當導演專注在演員的表演或是整體氛圍營造時，協助導演留意細節。同時，場記必須專注觀看攝影畫面以及拍攝現場，記錄拍攝的每個鏡頭操作細節，以及註明實際拍攝畫面及原劇本、分鏡的出入。拍攝之時，向導演或副導提醒動作的方向，記錄對應的場記板鏡頭號碼、鏡次號碼、拍攝時間長度等。場記需於每個工作日整理拍攝日誌，這也成為影片拍攝重要的紙本紀錄。

第四節　演員

除了導演、製片，電影拍攝工作的重心就是演員（Actor / Actress），因此，演員也必須與導演密切合作。畢業專題的微電影製作團隊，通常會以徵角／選角的方式招募演員，也許是邀請導演或團隊成員中屬意的演員參與演出，或是對外徵選，透過面談、試演和試鏡的過程，尋覓適合的演員。當然也可能在團隊成員中有適合且勝任特定角色的飾演，就可能在工作職掌上分擔多重項目。筆者以往所指導的畢業製作中，偶有特別積極具企圖心的同學，除了擔任編劇，扛起導演的工作，也在作品中飾演重要角色。當然，前提是這些安排需要與團隊有良好溝通、討論，並且是達成共識下的結果。

依據角色於劇情的重要性、戲分等，通常會有主角（領銜主演）、配

角、刻意安排的客串（5句台詞以下），以及臨時演員，然而每一個角色在作品中的功能都是必要的。雖然劇情微電影或短片不像長片般的規模，演員仍需在拿到角色後，進行角色的準備工作，熟讀劇本，瞭解作品，更要對於自己的角色有所認識，包括台詞、人物個性與描繪等。再者，有時劇組安排劇本排練，演員需要在此段時期與導演確認角色詮釋與演出的方式，也許是咬字、聲調、肢體運用、或是走位，都需要在正式開拍前有所掌握。

　　以上就影片製作團隊中，具決定性、主導性的編劇、製片、導演、演員等四類工作職掌稍作說明，而影片製作也仰賴許多技術導向的工作成員的同心協力，才能往完成的目標前進。以技術為主的工作崗位與職掌則簡述於下以供參考。

第五節　技術領域工作職掌

一、攝影與燈光（Cinematography and Lighting）

　　攝影主要的工作職責是協助導演創造畫面，因此在正式拍攝之前，需要參與導演、製片的勘景與分鏡設計的討論，攝影才能協助導演決定鏡位的架設，進而與燈光搭檔規劃場景的照明，或是氣氛的營造。攝影通常包括攝影指導（或攝影師）與攝影助理；攝影師主要負責影像地拍攝、運鏡設計、攝影器材配置（圖）、以及攝影記錄，而攝影助理的工作則包括器材的保管維護、重要的對焦、變換焦段操作、鏡頭更換、測光等工作。

　　燈光的工作就是戲劇的照明，除了需要瞭解導演就場景中照明的需要進行規劃、準備，因燈光設備需要消耗大量電力，也需要對拍攝場景的電源供應（或需自備發電機、電池）與器材設備需求有所掌握。燈光師的職掌主要包括燈光色調設計、場景的安全用電量計算、燈光配置圖等，而燈光助理的工作則需協助架設燈光器材、製作燈光記錄表、測光、補光或反光板、搬運燈具、電纜線、以及攝影機箱等器材。

二、視覺設計（Visual Design）

　　一部影視作品的視覺設計，也就是一部作品的外觀呈現，通常是由多位工作人員或兼負多重工作職掌的成員達成的。假使製作團隊規模較大，可以由藝術指導擔任統籌，在與導演、製片溝通會議達成視覺呈現風格共識後，分頭交由美術布景、道具、服裝、梳妝、化妝等進行規劃設計和籌備。又或著如工作成員規模較小，作品複雜度相對較低時，以上視覺呈現各面向的工作也能由一、兩人於不同階段擔任。無論如何，視覺設計的工作也必須要與製片所掌握的經費保持平衡，以避免不必要的支出。另有人力的話，可設有場務人員，協助美術的場景建構陳設、道具、管理器材、以及測拍記錄。

三、成音（Sound and Music）

　　在前製時期，成音需與導演溝通以掌握作品聲音呈現的規劃，是否收現場音、環境音，或是否需要特殊音效、配樂等。成音工作又可分為以下兩大類：

（一）現場收音（環境音）

　　由麥克風操作員（收音員）收錄拍片現場的聲音，包括角色對白、車水馬龍聲、腳步聲等，對於影像來說就是原始的聲音素材，這部分雖然可以經過後製再補上，但往往會有不自然之處，建議還是現場能收好就收好，最重要的是定位要清楚。收音員需要確認收音場次，確保器材完善以收錄最好品質，同時完成收音記錄表。

（二）配樂與音效

　　不論是哪種類型的影片，好的配樂與音效會有畫龍點睛的效果，幫助觀眾更融入影片情境。然而，臺灣學生影片製作普遍對於音樂配樂製作較陌

生，相關的課程往往較少，如想獲取這類知識，往往得透過網路爬文或自學摸索。製作團隊可嘗試由成員自行創作，不過相對較耗時費工，或是借助於合適的配樂師，也需透過精確的溝通彼此的需求與解決方案。關於配樂或音效的資源，學生製作團隊通常可採用付費或線上免費音效庫中的素材，如創用CC音樂，[1]依據授權方式所律定的要求標示創作出處。

四、剪輯（Editing）

以往仍以底片拍攝的畢製時代，剪接通常是拍攝進度完畢，底片沖印回來確認無須重拍才開始。現今絕大多數以數位技術攝製，非線性剪輯軟體普及，只要拍攝到一定量，甚至拍攝完即刻由拍攝現場剪接師或剪接助理，從挑選素材開始整理所拍攝的素材，將可以使用的鏡頭（Good Take）與無法使用的NG鏡頭分類，篩選出需要的影像內容，再依劇本初步剪出故事內容，完成所謂的剪接師版本（Editor's Cut）。粗剪有可能會在電影拍攝期就同時進行，如此，剪接師就能夠與導演討論現有的鏡頭是否足夠，而搶在拍攝期尚未結束之前進行補拍，也可確認是否是導演要的感覺。粗剪之後則是定剪的階段，剪接師待拍攝期結束，導演需要加入剪接師，共同完成導演版本的粗剪（Director's Cut）。對於許多獨立製片來說，導演版本就等於最後上映的定剪版本（Final Cut）。雖然剪接的工作是接近拍攝後期才啟動，剪

---

[1] 創用CC（Creative Commons）授權的特性，簡單地說就是所有採創用CC 授權方式提供的素材，皆允許被重製、散布，但前提要件（condition）是使用時必須做好姓名標示（attribution）的要求，註解原作的來源，並檢視該素材是否有非商業性（NonCommercial）、禁止改作（NoDerivs）等限制性義務（obligation），以在後續使用上不要將NC素材用在商業營利，也不要將ND素材的創作內涵進行變更。其他相關規範，可參考CREATIVE COMMONS授權條款說明：https://creativecommons.org/licenses/by/3.0/tw/legalcode。

接師的功能猶如上帝創造亞當後，為他吹上的一口生命之氣，為作品賦予活起來的靈魂。曾獲得奧斯卡與英國電影學院最高殊榮的好萊塢著名剪接與音效設計師華特 莫區（Walter Murch）曾說：「剪接就像魔術，想辦法讓99%的人朝他想要的方向看去。」

五、後製特效（Special Effects / Visual Effects）

　　通常後製特效所指為廣義範疇的統稱，包含前述的剪輯、音效／配樂、以及此部分著墨的特效等，雖然這些工作實際起始於影片拍攝期末端，就工作職責而論，都需要在前製作業期就與導演、製片達成共識。特效通常可分為兩種，第一種「特效」（Special Effects）指的是拍攝中所使用的物理特效，諸如特效化妝、煙火、模型等。而現今大部分運用電腦3D這一類的後期特效，被稱為「視覺特效」（Visual Effects）。如果需要的特效類別較多，則會需要特效總監，負責監督並指導拍攝時使用的一切特效，因此需出現在特效需要的拍攝現場。另一方面，因數位繪圖科技逐年更加便利，使得學生影音創作開始嘗試一些過去普遍學生製作較少考慮的類型，也大量應用視覺特效來提升作品品質。特殊視覺效果（Special Effects）又稱Visual Effects（VFX），主要以電腦繪圖完成特效，而影片的片頭／片尾、字幕、動畫的設計與繪製也是特效的範疇。

第六節　總結

　　大多數以短片或微電影創作為主要形式的畢業製作，無論規模如何，皆需以團隊分工合作的方式進行。團隊成員無論擔任如何的工作崗位，也許是統籌管理的製片、主導創作的導演、視覺化操作的攝影、或是影片化妝師的後製，都必須認同團隊將進行的製作，且對擔任的工作職掌熟悉以盡善盡美自己的工作。這些都是團隊中的每一位成員必須要建立的認知，不同於以往

的課堂作業，團隊成員必須將畢業製作視為一份重要的工作。讓團隊齊心共同完成作品，製片的協調整合功能相對關鍵，而成員也必須在參與畢業製作之際，在個人與團隊利益間取得平衡，以避免不必要的紛爭。

　　畢業製作的過程可以是同甘共苦而共享甜美果實，有時也可能是對人際關係的挑戰與試煉。畢業製作工作量大且參與時間至少需半年以上，學生們必須不斷與老師、同學及相關人員溝通，人際互動的能力在無形中逐漸累積。除了長時間與夥伴相處合作，參與畢業製作時，可能因為籌措經費或商借拍攝場景，有機會與不同單位的人士接觸，譬如為了拍攝高中校園為場景的戲，就必須不斷尋找適當校園，與校方接洽、溝通協調以說服校方出借，或是需要用到公共道路或封路，則需要與當地派出所或警察分局提出申請。學生畢業製作讓團隊有機會接觸各式行政單位及業者人士，學習有效溝通及人脈的建立。

　　藉由實際參與的經驗，可以讓部分學生培養出對周遭事物更深入的觀察力，也有學生在畢製團隊中找到自己適合擔任的職務，使畢業後的就職方向更加明確。對多數在學生和畢業生來說，畢業製作不只是大學結束前的回憶，更是邁入下一階段的開始。踏入社會之前所經歷的「畢業製作」門檻，其實也就是要讓學子能發揮大學四年來的學習積累，拍出一部不論是微電影、短片或紀錄片等各種形式的影像作品。這段過程，往往讓學生們花盡人力、物力、金錢力、感情力等，才能換得所謂的實務經驗，而這都是為了期待這部作品能成為試金石，為自己敲開人生下一階段的大門。

習題

1. 試討論導演與製片在微電影／短片製作的過程中所扮演的角色為何？相互之間的關係又為何？
2. 微電影或短片的拍攝，必須依賴團隊的同心協力，而每一位成員都要

在各自工作崗位上盡責。試討論在拍攝製作期，哪些工作職責相對較為重要？而團隊成員在合作期間，有哪些關鍵事務是成員們必須掌握的？

參考文獻

井迎兆（2017）。**微電影怎麼拍？：短片製作DIY**。臺北市：五南。

葉如芬、吳凡（2006）。**電影○製片Film Production**。臺北市：書林。

劉立行（2014）。**當代電影理論與批評**。臺北市：五南。

麥可‧翁達傑、華特‧莫屈著，夏彤譯（2017）。**電影即剪接：拍電影的教科書！教父剪接師告訴你：電影敘事、影像後製、音效設計的金獎級專業奧祕**。臺北市：原點。

Wiese, M.(1998). *The independent film & videomaker's guide*. California: Michael Wiese Productions.

第四篇

應用程式APP開發

9 App Inventor手機程式開發

黃淑賢

　　手機可以處理許多不同的生活瑣事，使生活更便利，而娛樂行為以智慧型裝置為載具更是盛行。智慧型手機的系統又分為很多種，其中以Android系統手機與iOS系統手機為最多人使用之類型，不同系統有各自的優缺點。本章以國內較多人使用的Android系統進行介紹及說明——使用MIT所開發的App Inventor為開發工具，只需透過Google帳號登入後即可使用，是一套很便利的Android應用程式開發工具。

第一節　應用程式環境介紹

　　App Inventor原是Google實驗室（Google Lab）的一個子計畫，由一群Google工程師與勇於挑戰的Google使用者共同參與。Google App Inventor是一個完全線上開發的Android程式環境，拋棄複雜的程式碼而使用樂高積木式的堆疊法來完成Android程式，對初學開發者是一大福音。若想要用手機控制機器人，不大需要太華麗的介面，只要使用基本元件如按鈕、文字輸入輸出即可。另外，App Inventor於2012年1月1日移交給麻省理工學院行動學習中心，由其管理與後續維護，目前已開發至App Inventor 2[1]。

---

[1]　參考CAVEDU教育團隊App Inventor中文學習網。

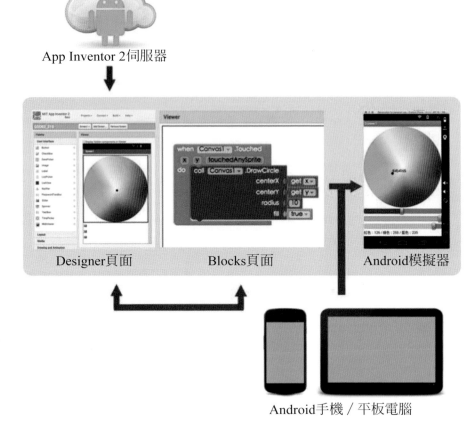

App Inventor 2伺服器

Designer頁面　　　　Blocks頁面　　　Android模擬器

Android手機／平板電腦

（圖片來源：CAVEDU教育團隊App Inventor中文學習網）

　　使用App Inventor進行手機應用程式開發，可以讓初階使用者快速上手，透過積木拼貼的概念設計簡單的手機應用程式。App Inventor開發工具跟一般程式開發工具的介面雷同，分為設計師頁面（Designer）及程式區塊頁面（Blocks）。設計師頁面是給使用者操作觀看的前端介面，程式區塊頁面則是程式設計師撰寫程式的後端介面。而App Inventor撰寫程式是採用圖形化積木拼接的方式，所以對於程式初學者而言，是可以很方便又快速上手的一套手機程式開發軟體。

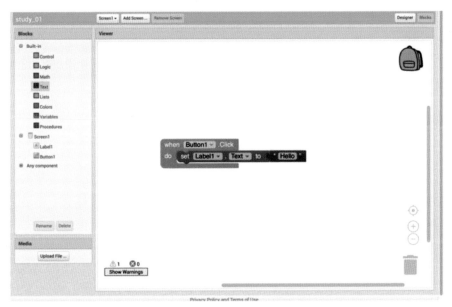

第二節　應用程式設計流程

　　建議初學者在設計手機應用程式時，可以繪製流程圖，透過流程圖的方式可以思考程式設計的流程及步驟，以確保這樣的程式邏輯的正確性。流程圖確認後，設計者可以規劃使用者介面瀏覽的樣貌，再使用App Inventor開發工具開發此款的手機應用程式，程式撰寫完成後，則進行反覆的測試及修正，確認無誤即可將此應用程式進行上架的動作。

　　應用程式設計開發的基本流程，第一步驟：繪製應用程式流程圖；第二步驟：設計使用者介面；第三步驟：程式撰寫；第四步驟：程式測試及修正；第五步驟：應用程式上架。

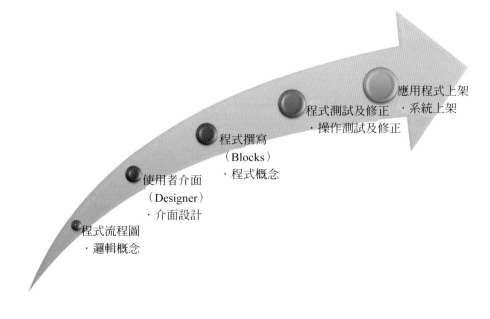

程式流程圖
・邏輯概念

使用者介面
（Designer）
・介面設計

程式撰寫
（Blocks）
・程式概念

程式測試及修正
・操作測試及修正

應用程式上架
・系統上架

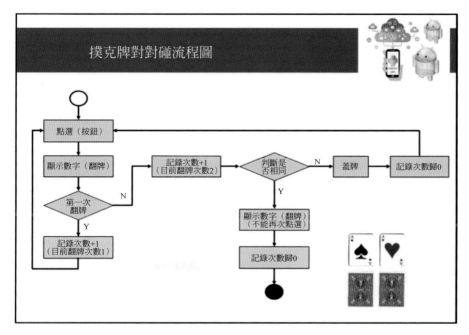

　　以設計撲克牌對對碰的手機應用程式為例，設計者可以先繪製程式流程圖，確認整個流程之外，亦可瞭解邏輯概念的設計是否有問題。其設計流程步驟說明如下：

　　• **第一步驟—程式流程圖**：此階段也是確認設計者的邏輯概念，並且透過流程圖可以瞭解設計者要設計的方式、功能及邏輯概念的問題。

　　• **第二步驟—設計使用者介面**：設計者可以把腦中規劃的介面繪製出來，或是直接在App Inventor設計師介面區將畫面配置，這樣方便設計者確認欲完成的成品樣貌。

　　• **第三步驟—程式撰寫**：確認上述兩個步驟之後，則可以開始撰寫相關的程式，撰寫程式的過程會搭配第一步驟的流程圖，一步一步完成程式的架構。

• 第四步驟—**程式測試及修正**：程式撰寫完成後，進入程式測試階段，一樣搭配第一步驟來驗證程式流程是否有錯誤，或者邏輯流程需要修正調整的地方。重複測試及修正的步驟確認程式沒有錯誤之後，即可進入最後一個步驟。

• 第五步驟—**應用程式上架**：App Inventor可以直接將應用程式進行上架，也可以製作apk檔，看設計者的需求來進行這個步驟的動作。

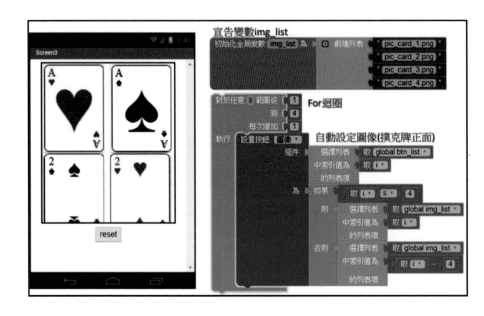

第三節　應用程式開發類型

App Inventor可以設計Android手機應用程式，透過藍芽裝置亦可操控其他物件（例如：Arduino晶片），除此之外也支援樂高NXT機器人。因此，App Inventor應用程式開發類型可以分成三種：第一種App Inventor應用程式，第二種結合樂高EV3機器人App Inventor應用程式，第三種結合物件App Inventor應用程式。

任何物件可以透過藍芽進行配對的裝置亦可使用App Inventor進行開發。有個前提需要提醒設計者，App Inventor僅內建樂高EV3機器人的程式模組，其他物件的模組則需要設計者透過其他工具開發之後，才能透過App Inventor進行手機與物件之間的連結操作。

• **App Inventor應用程式**：App Inventor除了可以設計互動式遊戲之外，還可以透過內建程式陀螺儀感測器、位置感測器、方向感測器及接近度感測器等功能，來設計與地圖相關的應用程式。例如：導航系統，亦可透過App Inventor進行開發，設計一套自己撰寫的導航系統。

• **結合樂高EV3機器人App Inventor應用程式**：App Inventor有內建樂高EV3機器人的程式模組，設計者可以透過App Inventor進行程式撰寫來操控樂高EV3機器人。手機介面則可設計成搖控機器人的面板，面板上的功能則撰寫在程式區塊之中，使用者只要進行手機連線至樂高EV3機器人，並開啟搖控EV3機器人的應用程式，即可搖控機器人進行相關指令。

 範例

Lego Ev7motors樂高EV3機器人
馬達控制元件

・EV3機器人-馬達控制元件EV3馬達可用來製作各式各樣有趣的機械裝置
・用途最多就是使用兩個馬達來製作雙輪差速機器人（differential drive platform），進而控制兩輪速差之後來決定機器人要前進、左轉或右轉。

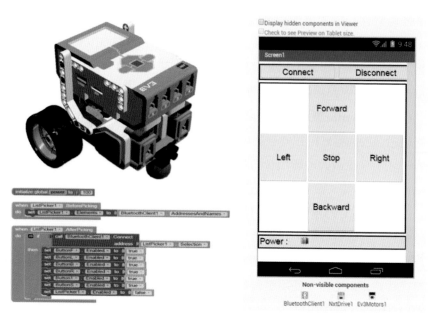

（圖片來源：CAVEDU教育團隊技術部落格網站）

　　樂高EV3機器人透過藍芽與手機進行配對後，即可進入操控模式，直接將控制機器人的元件移至介面，並將功能撰寫在區塊程式之中，即可操控樂高EV3機器人。

　　・結合物件App Inventor應用程式：App Inventor有內建藍芽元件，相關物件可透過藍芽與行動裝置連結，即可透過App Inventor設計相關操控介面。

範例

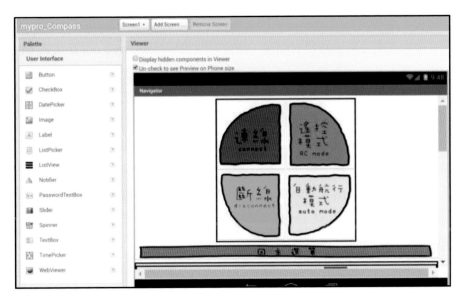

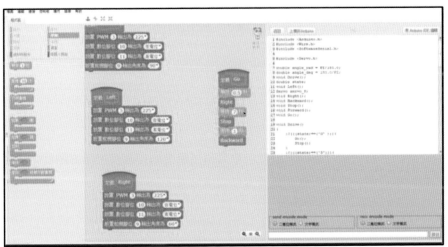

使用Arduino UNO設計船，但需要搭配行動裝置來操控這艘船，所以在開發的過程中需要撰寫Arduino的程式及手機應用程式兩種，這邊的設計流程手機應用程式就延後進行，第一步驟則會改成Arduinou UNO的設計，確認所有晶片連結沒有問題，結合以開放軟體Scratch2.0進而開發出的mBlock圖形化程式語言，mBlock支援Arduino多種規格開發版的程式編輯，讓使用者可以更輕鬆的開發互動機器應用程式，對於程式設計入門的學習者正是最適合的工具。mBlock有將視覺化的程式語言轉換為Arduino程式語言的「Arduino mode」模式，可以將程式碼轉換並直接上傳到Arduino控制板，也可以透過此模式直接開啓Arduino IDE進行程式碼的編輯、修改與上傳。使用者即可不用反覆開啓mBlock來控制Arduino，並觀察到實際上傳至Arduino控制板的程式碼，不僅能讓程式設計入門者輕鬆學習，同時進一步發揮Arduino控制板的功能。

若需要搭配額外的物件進行相關手機應用程式的開發，建議先完成額外的物件設計，再來進行手機應用程式的連結，以及後續使用者介面的畫面。

致謝

此範例參考國立臺南大學數位學習科技學系施如齡教授指導陳虹如、葉芯妤、蔡一帆一○七級畢業專題實作成果報告。

第四節　IoT物聯技術應用

　　IoT物聯科技是未來智慧環境必備的技術之一，目前已導入於生活之中，例如：智慧建築、智慧醫療、智慧教育、智慧節能、智慧商業、智慧觀光、智慧交通、智慧農業、智慧政府、智慧防災、智慧安全、智慧家庭等產業結構和市場經濟，透過雲端系統，打造智慧環境，讓使用者在遠距透過雲端系統來操控相關的科技，以打造智慧生活環境。

　　目前物聯技術應用層面很廣泛，使用者想要透過IoT物聯技術進行專題設計時，可以使用心智繪圖工具，瞭解預先製作的架構。首先選擇主題（例如：智慧車載、智慧建築、智慧醫療、智慧交通、智慧農業、智慧家庭等）。再從主題中，選擇基礎的物件或概念進行後續的延伸。

圖片來源：DomaRem.ru、Dyer Group、Unisecure；DIGITIMES繪製，2013/8

　　• **智慧車載**：使用者可透過應用程式操控車子內的設備，例如：夏天天氣悶熱，可遠端操控開啟車內冷氣達到降溫的功能。另外，當車內零件需保養或更換時，車內相關感應器會主動發送訊號至使用者的手機，提醒並告知使用者該進保養廠更換相關零件，以確保行車安全。

- **智慧建築**：智慧建築類似綠色建築結合網際網路的方式，打造永續及節能減碳的建築，透過物聯科技的方式，讓建築物本身具有智慧的監控系統，日晒可以依照不同季節的變化做調節來節省電力，也可以蒐集雨水做社區生態或集水處理，讓自然環境中產生的可再生能源透過智慧建築能發揮最大效益，達到節能減碳的方式。

- **智慧醫療**：支援銀髮族照護及生活需求，同時提供子女、家人及專業醫護人員更方便有效的照護工具。透過物聯科技之應用，連結至雲端，提供醫院、家人等多方連結，讓老人家依舊可以在居家進行相關的健康照護模式，提供緊急救援、保健照護、慢病管理、健康關懷及生活支援等服務，進一步導入數據分析系統，預測疾病及預防緊急狀況發生，以期能提升健康服務的價值。

- **智慧交通**：結合物聯科技應用之外，還需要搭配人工智慧的運算方式，例如：公車增加更多車輛偵測器、閉路電視監視器、計算軟體的交控設施、以及即時車位監控服務等，結合使用者公車系統應用程式**App**，可以即時觀看公車目前所在位置及進站時間。除此之外，還可以監控目前城市車流量的問題，當使用者在高速公路上，如果前方發生車禍，系統會告知使用者目前還距離事故現場有多遠，使用者可以自行判斷是否要繞道而行等，抑或系統具有高度智慧，可以直接帶使用者避開車禍事故的路段，打造智慧城市，讓交通更順暢，搭公共運輸更便利。

- **智慧農業**：可在農場架設相關的感應裝置，例如：溼度、溫度、照明、灑水系統等。透過土壤溫度及溼度來控制灑水系統，亦可依照不同農作物的照明需求調整相關感應裝置，農民可透過行動載具來監測目前農場的狀況。亦可減少農民在炎炎夏日之中在外曝晒的時間，若能完整的建置智慧農業，還可降低天災時農民在外巡視的危險性。除了能提升農作物產量，亦能確保農民的安全。

- **智慧家庭**：強調安心、便利及舒適的住家生活，包含家中燈光、空調、窗簾、家電監控、晒衣架等，將住家各種物件放置不同的感應器，可以

讓住家具智慧化的方式，這些物件會依照不同的需求，自行調節相關的功能，例如：燈光會依照環境中的光線亮度調節燈光的明亮，讓使用者能方便操控居家生活，達到節能永續及安全防護的效益。生活結合IoT物聯技術，讓所有家電具有生命力一般，例如：冰箱內的食物不足，會主動至使用者常訂購的網站下訂，補足冰箱內的食物。另外，還可以搭配溼度或照明感測器進行自動收衣功能，才不會造成下雨天來不及收衣服的窘境。除此之外，亦可搭配監測系統，觀看家中狀況，若有長輩則可設置跌倒警示，讓家中子女可以在第一時間進行通報，以把握搶救的黃金時間。

範例

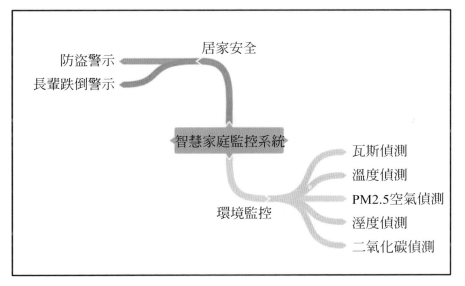

透過Coggle線上心智繪圖工具IoT物聯科技應用的設計，以智慧家庭的監控系統為例，可以再細分居家安全或環境監控兩個類別，居家安全又可以再細分為防盜警示及長輩跌倒警示等；環境監控則可細分為瓦斯偵測、溫度

偵測、PM2.5空氣偵測、溼度偵測及二氧化碳偵測等。

其中環境監控的瓦斯偵測、二氧化碳偵測也算是居家安全的一部分，可以從心智圖中選擇欲製作的方向，例如：居家安全防盜警示。除了具備即時監控之外，還需要考量陌生人進入的警示，再來思考需要哪些設備及感測器。

範例

智慧家庭監控系統透過網際網路讓使用者在遠距可以觀看住家即時狀況，另外可以搭配主動監控相關技術，如果陌生人入侵住宅，搭配人體紅外線感測偵測會主動發送訊號至雲端監控系統，使用者透過手機可以即時接收訊號，來確認目前住宅的狀況，是否需要通報或報警，達到智慧家庭的監控模式。

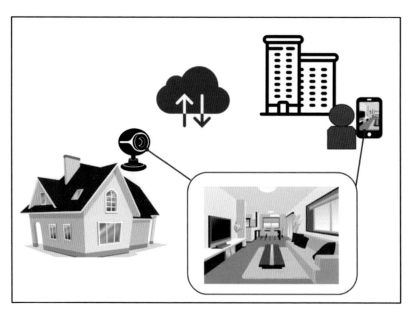

智慧家庭監控系統環境示意圖

第五節　感應器

IoT物聯科技應用可以搭配相關的感應器，例如：紅外線、溫度感測器、空氣PM 2.5感測器等，接收或傳送物件或環境相關的資訊至雲端系統，透過雲端系統將相關訊息傳送至使用者的行動載具中。

然而，目前市面上有需多感應器，Arduino是一項可以輔助學習開發專題的工具，因為易學、易用的特性，漸漸的成為主要的教學工具。其模組化的電路設計，將許多的感測器與顯示裝置等，製成一個一個的模組，每個模組都只有必要的接腳，例如：電源、接地、訊號等，使用相對較容易，只要學會控制模組便可操控其功能。Arduino為由義大利團隊製造的電路控制板，也是開放原始碼的單晶片微電腦，使用者可在Arduino開發板上接上各種電子裝置，例如：LED、喇叭、紅外線發射與接收器等；搭配自動控制程式，Arduino即可做出各種自動控制應用，例如：利用溫度感測器控制冷氣運轉、利用可變電阻控制燈光的亮暗、利用伺服機控制機器手臂等。

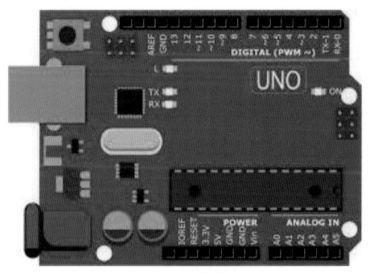

Arduino UNO電路控制板

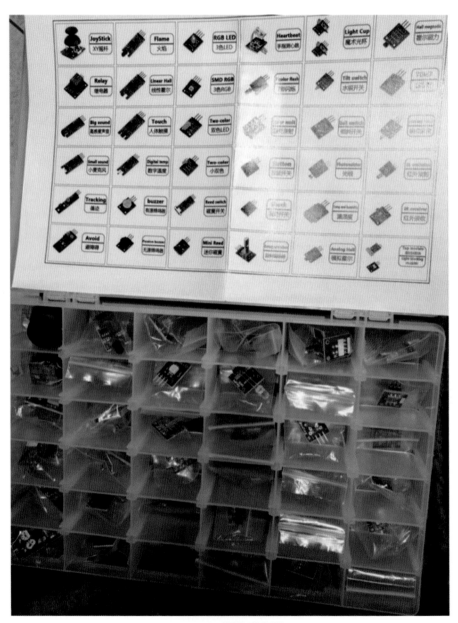

Arduino相關感應器

Arduino能透過各種感測器接受外界訊息，透過控制器做出相應的動作。以下舉出四項應用實例：

1. **光線感測器**：Arduino透過光線感測器可得知當前環境光線亮度，若連接燈泡，即可完成一盞能夠自動照明的燈；此外，若搭配使用「燈光亮度控制器」，可讓燈光隨著室內光線的變化切換不同的亮度，這種方式可以有效的節省不必要的電力浪費。

2. **人體感測器**：Arduino透過人體感測器可偵測附近是否有人經過，經常應用在百貨公司或辦公大樓的樓梯間、廁所、茶水間，其將人體感測器與燈具的開關控制器結合，當有人經過的時候，燈便會自動亮起。

3. **溫度感測器**：Arduino透過溫度感測器可得知當前環境的溫度，可藉此裝置設定，當溫度太低時，控制暖氣的開關控制器會自動開啟，溫度太高的時候則會自動關閉。

4. **遙控車控制器與飛行控制器**：Arduino透過這兩項控制器可搭配載具使其在陸地上或空中移動，並連結藍芽傳輸器，即可透過手機的藍芽裝置與Arduino連結遙控。

第六節　IoT物聯技術製作概念

透過上述的瞭解，相信大家對於IoT物聯科技之應用已有基礎的概念。以Arduino UNO為基底電路控制板，搭配上述提及的智慧監控系統為例來進行說明。除了電路板之外，還要搭配攝影機監控即時住宅，人體紅外線感應器則是所有人離開住家後，可以開啟的功能。此功能主要有其他人進入住宅後，透過網路傳送訊號給使用者。當使用者接收到訊號時，可以開啟相關的手機應用程式來觀看即時監控畫面，確認是否為陌生人入侵住家的狀況，應用程式亦可設置讓使用者直接點選通報或是取消人體紅外線感測偵測。

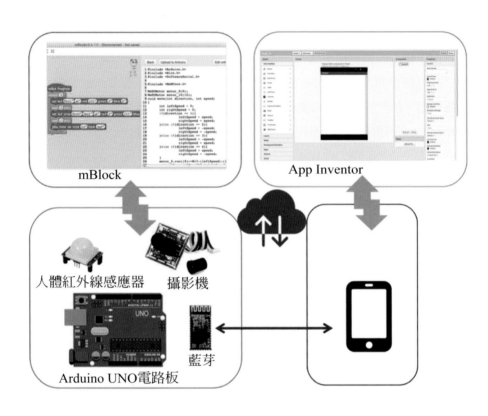

mBlock

App Inventor

人體紅外線感應器　攝影機

藍芽

Arduino UNO電路板

1. App Inventor可以開發什麼樣的應用程式？
2. 使用App Inventor進行開發，你會想要設計哪種應用程式？為什麼？
3. 應用程式設計流程有哪幾個步驟？並以流程圖設計一個簡單的射擊遊戲。
4. 參考智慧家庭，試著用Arduino UNO板結合App Inventor製作溫度偵測系統。

5. 想一個IoT物聯科技應用的主題，使用Coggle繪製這個主題相關的功能。想要達到預想的主題功能，它需要使用到哪些感應器？

10 Maker創客建模設計

黃淑賢

　　創客運動（The Maker Movement）在國內正慢慢被重視與推展，許多校園中正廣泛地推廣創意教學、翻轉學習與創意思維等課程；從設計思考到創客運動，主要核心皆在於提供學習者更多發想與實踐的機會，培養其創新、批判、解決問題與合作溝通等能力，提高未來創造更多產業新價值的可能。

　　Maker創客三大特質為創造、思辨與求變，藉由「動手做」的歷程，將創意轉變為實際物品的發明家。二十一世紀正需要創新、發明的人才。其核心價值在於提供學習者有更多創新發想與實踐的機會，培養其創新、批判、解決問題與合作溝通等能力，動手做必須成為教育內涵與過程中的關鍵元素，已成為許多教師們的共識。全世界的創客和發明家都強調，發明不會發生在理論的研讀中，而是發生在實際動手做的過程裡。利用各種科目的理論和內容，解決真實世界的問題，有意義的發明才會產生。目前創客大多數以Arduino作為輔助工具，進行相關內容的設計與開發，搭配建模軟體製作外型，並廣泛的運用在生活與教育中。

第一節　挑一個自己想要的Maker建模軟體

　　目前市面上的建模設計軟體相當多元，例如：123D Design、AutoCad、Blender、Meshmixer、OpenSCAD、SketchUp、SolidEdge、SolidWorks、Tinkercad，皆是屬於設計

者可以簡單入手的建模軟體。若有需求需要進行一些標準模型的建立，建議
設計者可以使用SolidEdge或是SolidWorks，這兩套主要定位在較為專業的軟
體，但亦屬於容易入手的軟體。此外若需要外型方面的模型，目前網路上亦
可搜尋到這方面的資訊（例如：Thingiverse）。

圖1

　　其中，本章節以中階設計軟體Solid Edge作為範例進行介紹，Solid Edge
為西門子（SIEMENS）公司所研發的中階繪圖軟體，近年的版本中所提供
的「同步建模」功能相當適合初學者進行使用。此外，目前普遍的繪圖軟體
皆有提供研究、教學使用的學術教育版，若需該項軟體可以透過網路搜尋進
行教育版的註冊與索取，相當方便。本章節針對該軟體進行基本的介紹與
說明，進階的功能就有待設計者自己領悟了。Solid Edge的基本介面如圖2所
示。

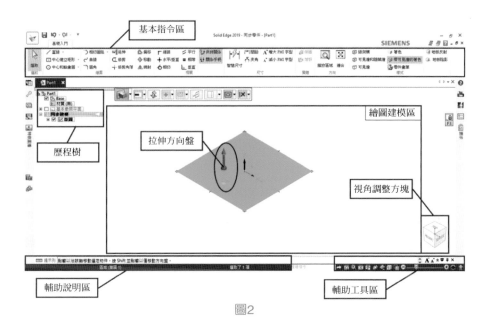

圖2

該軟體介面經過幾年的修正後已漸漸符合設計者的需求，主要由指令區、建模區、歷程樹、輔助工具區、輔助說明區等組合而成，特別是在歷程樹的部分，若是以同步建模的方式進行模型的建立，更能符合設計者的直觀操作與需求。相關區域的說明如下：

• **基本指令區**：基本指令區的部分包含了幾個類型的指令群，例如：繪圖、相關關係條件設定、尺寸、實體、方向與模式。這個部分是設計者會經常使用的區塊，繪圖的部分涵蓋了幾何圖形、修正與調整；相關的指令群指的是基本條件的設定，這部分對於設計者來說可以作為參考，若是要進行兩個以上的元件設計的時候，這個部分就相對來得重要，必須要有一定的尺寸觀念，透過相關條件的設定來進行兩個元件的組合。

• **繪圖建模區**：繪圖建模區主要為設計者觀察目前的狀況，另外可以搭配剖面等的工具協助，讓設計者可以清楚瞭解目前建模的情形，並決定接下來的建模順序。

- **視角調整方塊**：方向的部分與視角調整方塊有異曲同工之妙，可以協助設計者進行建模的調整與觀察，這個部分可以透過不同角度來觀察目前當下所建的模型有何處需要進行調整。

- **歷程樹**：歷程樹的部分可以協助設計者進行整體歷程觀察，可作為協助設計者進行建模流程的最佳化。圖中為同步建模的方式，這樣的方式與大部分的繪圖軟體都不同，更讓設計者可以自由地拉伸、拖曳、進行產品設計的調整與修正。

- **輔助工具區**：輔助工具區則是濃縮的縮放、視角、字體大小等的工具。

- **輔助說明區**：最重要的輔助說明區是身為Maker本身必須要能夠掌握的資訊，該說明區會提供關於指令的功能與說明、以及其接下來要做什麼動作。這個部分能夠有方向地引導設計者進行模型的建立，並且提供進一步資訊，具備引導指引的功能。

- **拉伸方向盤**：拉伸方向盤為方向盤中的其中一個功能，這個功能在建模的過程算是相當重要的工具。拉伸方向盤可以協助設計者進行垂直方向的拉伸，類似積木堆疊的方式進行。拉伸的結果如圖3所示。

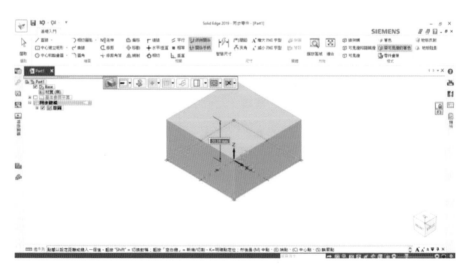

圖3

拉伸的方向盤可以協助設計者進行拉伸，其結果如圖3。此外在拉伸方向盤之外，還有旋轉方向盤。旋轉方向盤顧名思義就是進行旋轉的動作，在旋轉的過程中，一定要告訴軟體繞哪一條直線（旋轉的軸心）進行旋轉，選定直線後，軟體會問設計者需要旋轉幾度，或是進行全周（360度）旋轉的建模，其完成旋轉的過程如圖4所示。

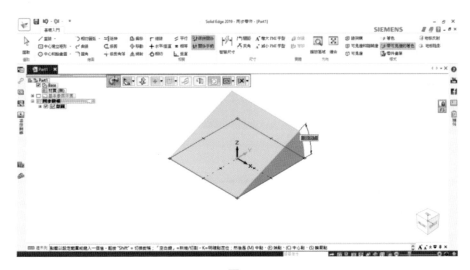

圖4

完成一定角度的旋轉之後可以發現，已經完成了一盤小蛋糕的旋轉。接下來可以嘗試用拉伸方向盤進行去除的動作。拉伸方向盤不只可以進行堆疊，亦可在想要去除挖掉的地方畫一個平面圖，進行拉伸的去除動作。我們可以先在一個平面上進行圖形的繪製，然後透過拉伸方向盤進行去除的動作，如圖5所示。

去除的動作不只能在平面上，也可以在斜面上進行，只要是一個平面，即可進行相關的平面圖形的繪製，再加以調整與應用，就可以在斜面上進行挖除的模型修正。既然能在斜面上進行拉伸方向盤，想當然耳，亦可在斜面上進行旋轉方向盤的操作，如圖6所示。

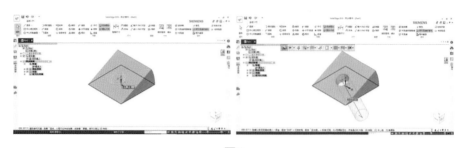

圖5

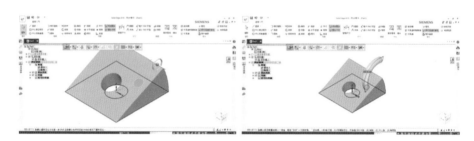

圖6

　　設計者可以嘗試在斜面上進行一個圖形的繪製之後，透過旋轉方向盤的工具進行斜面上旋轉模型的建立。以上的基本操作若能得心應手，在進行創客的過程中，基本建模已然是通行無阻了。

第二節　基本平面設計

　　普遍進行建模的軟體，在基本平面設計的部分，皆是從基本圖形來進行堆疊，類似堆疊積木的概念，而入門的基本平面設計則專注於2D的產品設計，主要由單一個輪廓進行深度的模型建立。因此在這個階段的重點是，建議設計者可以專注在幾何圖形的繪製，熟悉各個指令，讓自己加快建模的速度。以下範例為基本平面模型建立的例子：

造型底座

造型的底座可以從它的外觀觀察到，皆由基本的幾何圖形構成，例如：線段、圓弧、不規則曲線所組成，再透過等距離的偏移，完成整個圖形的繪製，而最後一步就是將這樣的輪廓進行拉動，指定厚度之後就完整基本模型設計。

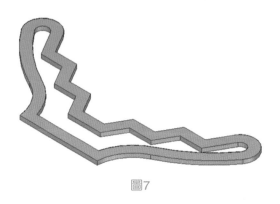

圖7

紅酒架設計

圖8為一個簡易型的紅酒放置架設計，這個部分看似簡單卻需要注意的重點在於輪廓，若是要設計一個紅酒放置架，那組合起來的尺寸就必須有一定的精準度。這個部分若是已知紅酒瓶的外型直徑為70mm，那麼接下來就可以依據這樣的尺寸進行援建的模型建立，透過模型建立的過程，也可以單獨繪製一個紅酒瓶的元件，透過軟體來瞭解元件與元件之間組合的狀況。除此之外，在類似的組合元件設計與建模上，建議可以參考加工裕度表，讓自己所設計的元件能夠更有可能直接長期訓練下去。

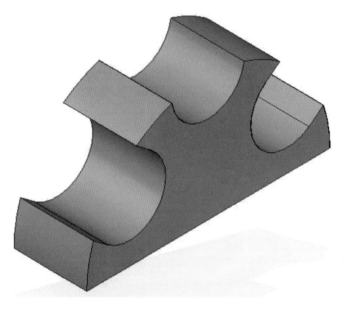

圖8

簡易汽車模型

　　簡易汽車模型（見圖9）是一個繪製簡單汽車外觀後就可以進行拉伸方向盤的操作，透過這類的方式將模型建立出來，設計者可以透過選取不同的區域來進行拉伸的建模。這個模型與前幾個最大的差異在於輪廓的整體較為複雜，必須要選取外型輪廓，但是補能選取到需要挖掉的地方，因此在進行建模的當下，最重要的是輪廓的繪製與選取，才能讓設計者在進行建模的同時，亦可強化本身的建模能力。

齒輪元件

　　齒輪元件（見圖10）在創客的應用相當廣泛，身為一個基本的傳動元件，需要學會的內容相對的較深。若要完成一個基本的傳動工作，可透過繪

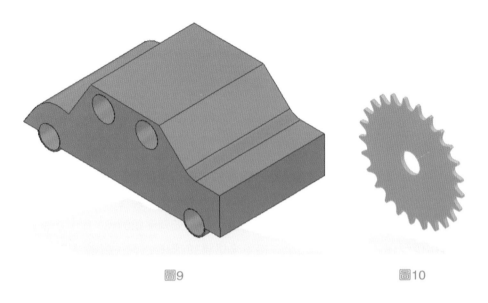

圖9　　　　　　　　　　　　　　　　圖10

製齒輪的外型輪廓，之後配合所使用的傳動軸大小，即可進行齒輪的基本模型建立，並且在完成建立之後則可調整尺寸以配合不同的狀況需求。順帶一提，針對這樣的基本傳動元件，目前大部分需要購買的軟體皆有提供教育版本，這些教育版的內建模組下，皆有提供這類基本元件的建模，設計者無須特別去進行標準元件的建模。有興趣的設計者可在下載軟體之後，找尋類似的標準零件工作模組進行基本零件模型建立。

第三節　立體設計建模

從平面設計建模到立體設計建模，最大的不同就是立體設計建模的狀點在於三維空間的修正、繪製、調整等的動作，都要在三維空間內完成。不過在這樣的環境下，立體設計建模的能力建立在基礎的平面設計能力，若能將觀念搞清楚，就可以很容易把自己的想法付諸實現。這個部分是有助於

Maker若設計出來的東西是有其後續商業應用的話，就圖面的部分可以加快商品化的速度，即能更快的投入加工量產，有助於商品商業化之後的普及率。

置物架

置物架可以有不同的型態出現，在建模的過程中必須要分清楚哪些該先進行、哪些可以最後調整。這樣的先後順序堆疊的概念與堆積木類似，設計者可以思考哪些可以先進行、哪些該放在最後。如同這個例子，第一步是將圖11中標示1的位置輪廓畫出來，接下來是將2的腳長出來，最後才進行3圓角的修飾。類似這樣的設計，設計者進行建模的過程可以將最大、最完整的物體當作是最先建立的物體，接下來再進行其他相關的特徵建模。

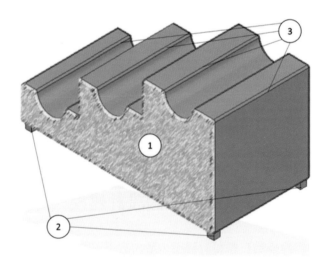

圖11

跪求喝酒紅酒架

這個設計的重點在於，透過軟體來瞭解物體的重量分布，可以協助設計者進行實體的設計，紅酒瓶的瓶口直接插入在中間的孔位，這個孔位的尺寸就相對來得重要，必須要能夠超過瓶口尺寸一些，這樣才能順利讓紅酒瓶固定在上面。固定後的下一個動作應該可以請軟體協助計算重心，確定這樣的設計會不會倒或是傾斜，以設計具有違和感又實用的產品。

圖12

置物架

本處的置物架（見圖13）亦是提供一個紅酒放置盒的概念，但與前幾個例子比較起來，這個部分是將紅酒頭尾都做一個固定，因此在尺寸的部分需要同時考慮到瓶口及瓶身的直徑，但這樣的設計並無法滿足所有紅酒架的放置，原因在於紅酒瓶的外型並非全部統一，若是遇到了較為特別外型的紅酒架（如歪脖子），則無法進行放置。這個部分也是設計者可以思考及改良的問題之一。

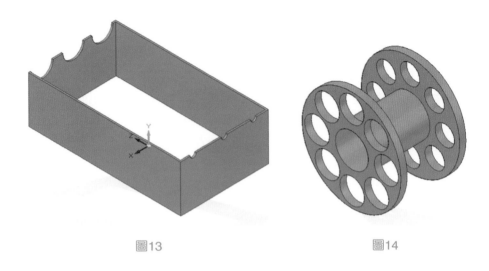

圖13　　　　　　　　　　　　　　　圖14

造型置物輪

　　本範例（見圖14）可應用在許多地方，以置物的角度來看，可以是放置
物品的產品；但若是以輪軸的方式來看，亦可作為目前許多需要移動的機
器人輪軸，這樣的物品在建模上就稍顯複雜一些，主要是輪軸及輪幅的地
方，而中間的孔洞主要目的在於維持原有強度的狀況下進行重量的減輕，這
類的減輕工作會在最後進行，通常會配合簡易的分析軟體進行產品設計的最
佳化。

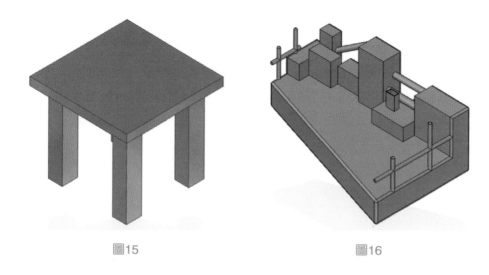

圖15　　　　　　　　　　　　　圖16

小桌子模型

　　參考前一個例子的建模方式，試著將小桌子模型進行模型的建立（見圖15）。這個小桌子主要有兩個特徵，分別是桌面與桌腳，建議設計者可以將桌面作為第一個模型建立的特徵，接下來的部分則是桌腳，而大小的部分則取決於實際的狀況，但是將模型建構出來之後，亦可以進行等比例的縮小與放大，這個功能在普遍的建模軟體都是可以達到的。

造型模型

　　除了基本的建模之外，設計者也可透過這樣的軟體來進行造型的設計。在圖16的範例中，提供了擺設的建模，設計者可將整個空間進行設計與擺設，可以約略進行室內設計布局的調整，因此也可將這類的建模方式應用在室內設計空間調配上。

傳動元件

　　以這個傳動元件來看，上面有許多的特徵，包括頂部有類似齒輪的外型，而底下有俗稱的鳩尾槽，作為單向固定的功能，上方一圈圈的圖示表達的是可以鎖螺絲的螺紋，而右下方也有兩個可以鎖螺絲的孔位，左方中間位置處有孔的特徵，需要進行材料的挖除。這樣的產品在建模上就稍顯複雜一些，但回到Maker的精神，不斷地嘗試修正到產品達到它的功能性，建立這樣的模型雖然步驟多，但是每一個特徵都是單純的，只要設計者能夠辨識這些特徵，在建模上即能隨心所欲。

圖17

造型紅酒醒酒放置架

　　本範例說明一個兼具紅酒存放、醒酒功能的造型紅酒醒酒放置架,這個產品除了可以在左右放置紅酒三瓶之外,亦可將紅酒杯放置於下緣,透過上方的醒酒器,讓紅酒愛好者可以更方便享用。這樣的設計建模上需要有一些平面的觀念,設計者可以把它看成積木堆,一個個堆上去。此外,本範例亦展示了在軟體中的渲染功能,可以協助進行產品實境擺設與放置,這個部分在協助說明產品特色相當有幫助。

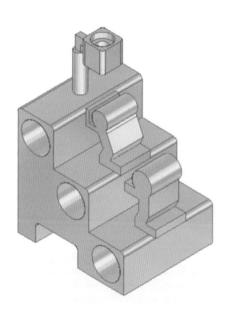 

圖18

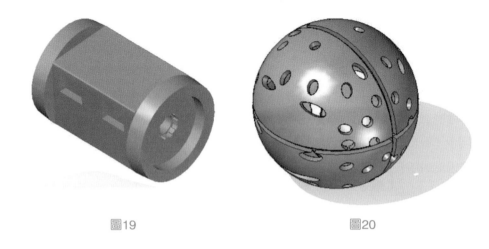

圖19   圖20

自走車模型建立

　　本範例（見圖19）是一個整合多項功能的自走車，左右兩邊的輪子可單獨傳動或同時傳動，達到左轉、右轉的功能。此外，前方的兩個凹槽處分別是安裝超音波或紅外線感測器進行距離的監測，防止自走車撞牆的情況發生，而中間的本體則是放置電路配線，即結構的傳動元件，像這類的設計可完整地透過建模的軟體進行表達，另外也可以在介紹產品的時候將其分解進行說明。

造型球體設計

　　本範例（見圖20）是一個造型的球體，普遍可以觀察到近年來愈來愈多的裝置藝術，這樣的裝置藝術往往都是從小樣品進行打樣，確認整個設計感之後再進行大型裝置藝術的製作。這類的建模方式也相對簡單，只要先將一個球體透過旋轉方向排轉出之後，進行內腔的薄殼。再者，透過不同的幾何形狀的挖除，即可完成這類的建模。

水龍頭 & 蓮蓬頭衛浴組

　　這兩個例子屬於較偏曲面造型的例子，雖然常見的水龍頭、蓮蓬頭到處都是，但是若能建立這類的模型之後，再進行調整設計，即可用於改善產品的使用場合。這類的產品建模將運用到掃掠、疊層的概念，普遍在設計的部分，走向造型是有其使用者愛好的，所以在基本的模型建立習得後，建議可以朝向曲面造型設計的領域。

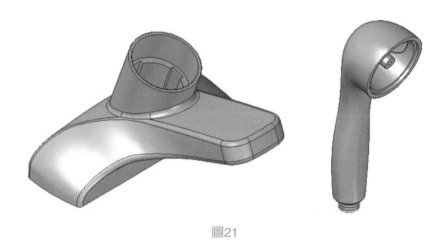

圖21

修正帶上下蓋組

　　本範例提供了修正帶的上下蓋模型建立，讓設計者可以清楚瞭解結構的內部。若是兩個需要進行組裝的物品，非常建議使用軟體進行建模，其流程可以事先做外型的設計，再來思考內部結構需要如何調整，多數產品都是這樣建模而來。經由這樣建模的過程，可以提供設計者進行不斷地修改與調整，也可以讓設計者對於整體設計修改有一目了然的狀況。關於系統設計的範例，將在下一節進行說明。

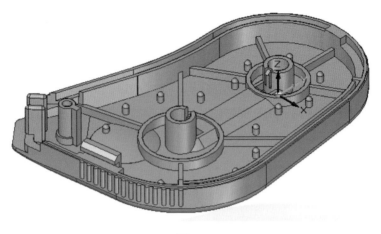

圖22

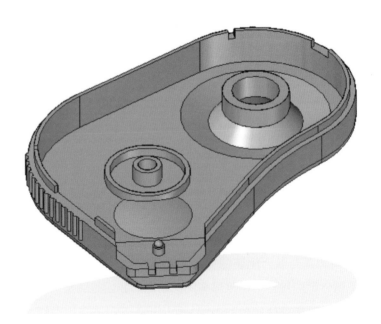

圖23

第四節　系統設計範例與說明

　　系統設計意涵為依據目前需求與功能的要求，進行系統性的調整建模，使得所建立的模型能夠符合所需要的功能。透過建模與修正的方式，可以協助設計者進行尺寸的調整，依據使用環境的狀況進行建模的調整。在建模的調整過程當中，尺寸的組裝是一個重要的因素，完整進行建模的過程需要瞭解零件與零件之間的結合尺寸，透過實際尺寸的調整進行配合，達到依據不同狀況的設計進行建模的變更與調整。設計者可以透過系統思考的方式，將設計的概念投入到建模的工作，透過不斷調整設計的過程，協助設計產品的品質提升。以下分別針對目前常見的設計進行系統設計說明。

龍舟機器人船槳設計

　　龍舟機器人的製作包含了結構與電路的控制，其中在結構的設計上可以依據現場的狀況進行調整。本小節針對船槳的結構部分進行設計的調整。龍舟機器人的設計部位與其功能如圖24所示。

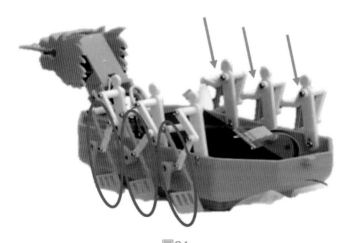

圖24

該龍舟機器人由船體、龍頭、划槳小人、船槳、船尾結構所構成，本次建模的部分以船槳為主，由於該機器人為參與競賽使用，因此在外觀及尺寸皆有所限制，因此針對船槳的部分進行改良。首先在船槳的部分，若是設計者遇到沒有原始圖面或是原始圖面遺失的問題，可以透過3D掃描的技術或者是游標卡尺進行圖面的繪製，這樣的工作在專業領域稱作實物測繪，把物體進行實體的量測後進行建模是普遍要調整修正產品的第一個步驟，藉由初步的產品建模之後，即可進行依據環境所需來調整模型的外觀與結構。

　　如圖25所示，本次主要調整的船槳，由於規定必須要90度下插之後往後滑動，嘗試增加下插的阻力以提升划水的能力。基於這個緣由進行船槳的更動，因此調整成船槳內部的部分有凹槽處，協助進行下插阻力提升，這樣一個簡易的案例即是第一部修改的開始。當調整版本愈多時，設計者可以累積更多的設計經驗。

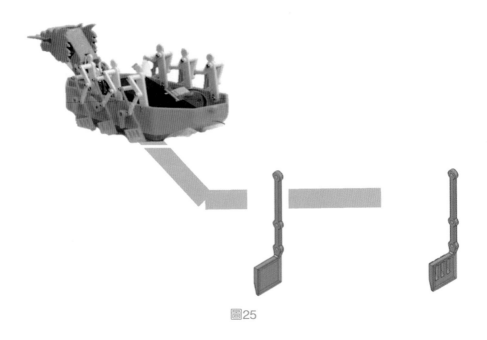

圖25

足球機器人推桿設計

　　如何將系統設計運用在足球機器人的改裝上，足球機器人的設計上，分為上推桿與下桿，本範例針對上下推桿進行系統設計調整的說明。

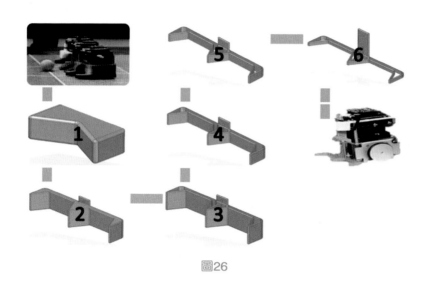

圖26

　　上推桿的系統設計部分，整體步驟較多，但每一個修改的部分皆其原因，一開始很單純想要設計一個推桿（1），但是設計完之後發現沒辦法固定在機器人上（1-Q1），而且在寬度上只有一個溝槽，希望調成兩個（1-Q2），因此調整了設計，改良至第二代推桿（2）。接著遇到的問題在於若是要進行3D印表機輸出的話，將影響到製作時間（2-Q1），因此進行內部結構的縮減，改良至第三代推桿（3）。調整推桿的同時，發現高度並無法順利安裝在機器人上（3-Q1），因此進行了高度的調整，進而改良到第四代推桿（4），但卻發現安裝到機器人上的孔位些許偏差（4-Q1），因此，第五代推桿應運而生（5）。在進行第五代推桿的列印時，發現回到原有功能，只要能夠進行足球推動的功能且兼具結構強度與時間的狀況下（5-Q1），將推桿的結構再縮減，最後完成第六代的推桿（6），並且安裝到足球機器人上。

如圖27所示，可以透過整個流程來觀察設計者本身所遭遇的問題，這是進行設計建模工作的基礎，透過這樣的過程可以協助釐清問題的本質，並且有系統地進行設計的調整。

圖27

如圖28所示，上推桿的部分由一開始的單一支撐（1），由於強度的不足（1-Q1），需調整為多層支撐（2），在多層支撐的調整之後，進行3D列印輸出。但在輸出的過程中發現，這樣的設計會耗損太多的時間，加上3D列印本身就需要一定時間輸出，若能夠透過結構的簡化進行調整，將有助於縮短3D列印的時間（2-Q1）。在這樣的情況下，再度將模型進行調整成最後一版（3）。

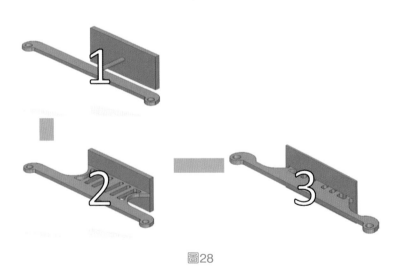

圖28

非常建議設計者將上述的過程整理成一個系統圖，找出自己進行建模的過程將會遇到的問題，這樣有助於設計者對於建模能更快的進入狀況，進而透過將這些問題文字化、系統化成一個流程圖，也能作為設計者的自我歷程觀察的重要工具。

 習題

1. 請使用建模軟體進行基本的平面設計建模，建出下列的圖形。

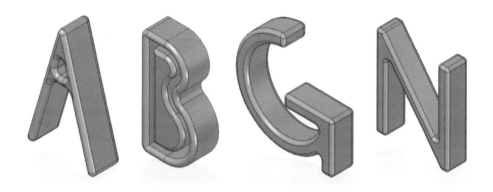

2. 請使用建模軟體建立出下列模型。

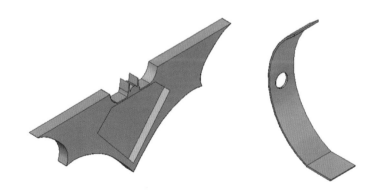

3. 請使用建模軟體進行下列模型的建構。

4. 請使用建模軟體進行下列模型的建構。

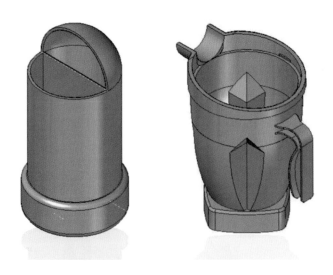

5. 請嘗試尋找生活中的一個產品，進行基本的建模，再加上自己想要增加的一項功能結合設計並且修改模型。

致謝

感謝本章相關範例由國立臺南高工賴嘉宏教師提供。

國家圖書館出版品預行編目資料

畢業專題製作指南：遊戲、微電影與APP／施
百俊等著. -- 初版. -- 臺北市：五南，
2019.06
　　面；　公分
　ISBN 978-957-763-435-1 (平裝)

1.高等教育　2.課程研究　3.教材教學

525.3　　　　　　　　　　108007619

1ZOF

畢業專題製作指南
遊戲、微電影與APP

作　　者 ─ 施百俊（159.6）　施如齡　許良政　朱旭中
　　　　　　黃淑賢

發 行 人 ─ 楊榮川

總 經 理 ─ 楊士清

副總編輯 ─ 陳念祖

責任編輯 ─ 劉芸蓁　李敏華

封面設計 ─ 姚孝慈

出 版 者 ─ 五南圖書出版股份有限公司

地　　址：106台北市大安區和平東路二段339號4樓

電　　話：(02)2705-5066　　傳　　真：(02)2706-6100

網　　址：http://www.wunan.com.tw

電子郵件：wunan@wunan.com.tw

劃撥帳號：01068953

戶　　名：五南圖書出版股份有限公司

法律顧問　林勝安律師事務所　林勝安律師

出版日期　2019年6月初版一刷

定　　價　新臺幣400元